小泉信三

練習は不可能を可能にす

山内慶太　神吉創二・編

慶應義塾大学出版会

序に代えて――小泉先生への想い

小泉信三先生は一九六六年五月十一日の早朝に、心筋梗塞発作で急逝された。七十八歳であった。先生の死を新聞各紙は「巨星墜つ」という表現で悼んだ。当時医学部五年生であった私にとって、巨大な星という見出しが記憶として深く心に刻まれた。

その数日後、五月晴れの土曜日に、小泉先生御葬送が青山斎場で執り行われた。お別れをすべく、私は詰襟の制服を着て信濃町キャンパスから徒歩で斎場へと向かった。各界の方々が長蛇の列をなして続き、最後のお別れを惜しんだ。果てしなく長い列に加わっている方々すべてが「巨星墜つ」という気持ちであったに違いない。

列の最後尾に並んでしばらくして前方を見ると、体育会各部の主将たちが弔旗を掲げて整列していた。スポーツを愛し体育会の発展を誰よりも強く望んでおられた先生の葬儀に相応しい光景であった。私が当時所属していた端艇部の主将も三色旗を持って斎場の入り口に立っていた。一年後輩の彼をみつけた時、慶應義塾端艇部員であることにそれまで経験したことのないある種の誇りを感じた。しかしながら、当時の私には、葬儀の重厚さと参列者の数の多さに気後れして、先生へお別れの言葉をきちんと申し述べる心の余裕はなかった。三色旗を持った彼とは、生涯の友として、今日まで家族ぐるみの付き合いをしている。

小泉先生は晩年、時を変え場所を変え「スポーツが与える三つの宝」について幾度もお話をされた。第一の宝が、本書のタイトル「練習は不可能を可能にす」である。当然私もそのお話を先生から直接お聞きする機会があった。分かりやすい説得力のあるお話であり、やや高めの大きな声であり話し方も素晴らしかった。それに感動し、私は今日まで後輩達の前で先生についての話を幾度もしてきた。先生が遺された「三つの宝」については一つ一つの宝の意味も詳しく説明した。年を重ね、人生の経験を積むとともに、先生の言葉は私にとってより理解しやすい言葉となり、先生の言わんとしたことを充分咀嚼できたと信じてきた。しかしながら、最近になって、「三つの宝」は小泉先生が話されたからこそ説得力を持っていることに気付いた。激しい、しかし意義深い人生を歩まれ、それをスポーツと結び付けることができる方は、小泉先生以外におられないからである。

「立派な人だった。真直ぐに生きて来た人だった。公正で私心がなく、正義感が強く、大局的にものごとを見て、行動は自信に満ちていた。国家を思い、母校慶應義塾の将来を案じた。終始、彼が常に言っていたように、善を行うに勇気があった。自分の主張に忠実であり、人に接しては誠実で、約束を守り、実行し、親切で情に厚かった。死ぬまで人間的に成長して行った人だ。」

小泉先生の没後に編纂された『小泉信三全集』の月報に載っている元専売公社総裁秋山孝之輔さんの言葉である。秋山さんは先生の長女秋山加代さんの義父でもある。小泉先生の歩まれた人生については、巻末の「小伝・小泉信三」で知ることができる。

小泉先生没後、慶應義塾はその名を冠した小泉信三記念慶應義塾学事振興基金を設けた。そして基金運営の一つとして小泉体育賞を設けている。先生が亡くなられて二年後の一九六八年に第一回の表彰が行われた。以来、大学卒業式の恒例行事として、全国大会において優勝あるいは国際的な大会で優秀な成績を収めた体育会の部もしくは個人が、塾長から直接表彰を受けることになっている。重く、価値ある賞である。

小泉先生の著作は数多くある。経済学者として、教育者として、社会の啓蒙家として、実にさまざまである。

「子は人並みの死に方をしたのに、親は親らしいことをしてやらなかった。闇の中に、シンキチ、シンキチと呼ぶ妻の声がする。」

愛息の戦死の報に接した先生の心境を書かれた『海軍主計大尉小泉信吉』は、誰もが先生の人柄に感じ入り、また読むたびに涙を禁じえない。

本書は、小泉先生とスポーツという魅力ある切り口で編纂されている。スポーツへの先生の情熱とともに、情に溢れた先生のすばらしい人柄も感じ取ることができる。小泉先生から、これからの社会を背負う後輩への熱きメッセージなのである。

二〇〇四年三月

慶應義塾常任理事

山崎　元

凡例

一、本書は、『小泉信三全集』（全26巻・別巻1　文藝春秋　昭和四十三〜四十四年）を底本とし、同全集に収録されていない著作については、初出掲載誌等を底本とした。表記は原則として底本に従った。ただし、「スポーツが与える三つの宝——慶應義塾体育会創立七十周年式典記念講演」については、講演録音をもとに構成した。なお、底本にある振り仮名以外にも、読みにくいと思われる語句については適宜振り仮名を施した。

一、各文章の文末には初出掲載誌等を示した。

一、巻末には、本書に頻出する人物に関する編者注を付した。

目次

Ⅱ　スポーツが与える三つの宝

Ⅲ　学生とスポーツ

写真協力
小泉妙氏
慶應義塾
田沼事務所

I　スポーツと私

普通部時代の小泉信三

スポーツに想う

スポオツ雑話——この一篇を平沼亮三氏に贈る

私は室内遊戯はみな駄目で、殊にトランプ碁将棊《しょうぎ》となるとひどい無能力を暴露するが、屋外運動の方は、大抵のものが好きである。尤《もっと》も学生時代一寸《ちょっと》テニスに熱中した外、あまり専門的に練習したものはないが、しかし大概の競技はその呼吸を呑み込むことも、見ての面白味を解することも遅くないつもりである。

見るゲエムとして何が面白いかというと矢張り野球が一番であろう。何故面白いか、特に解剖して見たことはないが、競技そのものが複雑であること、そうして luck が伴うことにその原因があると思う。いずれの競技でも、その道に深く入れば面白味が増すのは当然であるが、野球のように、攻撃と守備とが全然違った方法で行われ、また攻撃に打撃と走塁、守備に投球捕球の二大部門があり、それぞれの部門が更に細かい幾多の技術に分れているものは複雑と称して差支えないと思う。これに比べると庭球の如き、攻守ともにただ打球あるのみというが如きものは、遙かに単純だといわなければなるまい。「運」の伴うことについては、これは誰れかも書いていたがただ一つの不規則バウンドが大事な仕合の全勝敗を決することがある。同じく当りの好いライナアが、二三塁打ともなれば、併殺の憂目をも見せしめる。こんな激しい運不運の支配というものは、外のゲエムには珍しい。これが野球の持つ特有の刺戟性であろう。勝敗の一挙に逆転する機会も野球が一番多いらしい。蹴球の如きにあっては、時間の制限上、或る刻限がすぎて或る程度の得点の開きがあれば、挽回は絶対的に不可能である。テニスではマッチポイントから盛り返すということは可能でもあるし、往々行われるが、しかしこの転廻は徐々に来る。第九回二死2―3後の本塁打などという活劇は到底望まれないのである。こうして見ると、公平に言って野球ほど大衆に喜ばれていい資格を具えたゲエムは少ないと謂って好いと思う。但し日本の大衆が野球を好むのは、そのゲエムそのもののみでなくて、野球仕合が学生選手によって行われ、選手は母校のために献身奉公の精神をもって戦うということになっているその理想主義を喜ぶのである。だから、仮りに日本に職業選手のチイムが出来て、その技術が遙かに学生に勝るとしても、その仕合は例えば早慶仕合の如く四民を熱狂せしめることは出来ないであろう。従って学生選手がその学生性を失って、一部でいうように職業化するような流弊がおびただしくなったならば、その人気は必ず減衰するであろう。

私が近頃興味を覚えたのはソッカアである。同じ蹴球でもラグビイの方は久しい馴染であるが、ソッカアの方は今日まで殆ど見たことがない。ところが友人永田清君がソッカア部長になると、先《ま》ずソッカアに対する世人の無識を啓発しなければならぬと痛感したのであろう、忽《たちま》ち同僚を仕合の見物に誘い出した。同君は得意の語学力を利用してア式蹴球に関する英、仏、独諸国語の参考書類を読破してその最新理論を究めるのみならず、仕合当日の如き、態々《わざわざ》自動車をハイヤアして私共を迎えに来てくれるという意気込みを示した。固《もと》より嫌いな道ではないから、私は忽ちすすめに動かされて一緒に神宮外苑に乗り込んだ。

乗り込んで見て、私は忽ちラグビイとはまた趣きを異にするソッカアの面白味を感じた。面白味の第一は、仕合が凡《す》べてオプンに行われ、その発展が速かで変化が急なことである。正円形の球は遙かに高く、遠く飛び、地に墜ちて速かに転々するから、球は一方のゴオル前から容易に他方のゴオル前に飛び、攻守忽ちに地を替えることが度々ある。殊に目立って勇ましく見えたのは寄せ来る敵勢を前に、異色のユニフォオムを着て、ただ一人最後の関門を守るゴオルキイパアの働きである。殊に塾のゴオルを守った選手というのは、その方で有名な選手だと聞いたが、あらゆる方角からゴオルを目がけ飛び込んで来る球を手をもって左右に払いのけ、足をもって蹴り返し、手で捕って走り、走ると見せて身をかわし、態《わ》ざと地に落とし、摑んでまた蹴るなど、ここを先途と防ぎ戦う様は、一身以って国難に当るの概があって実に好いと思った。但しゴオルキイパアの働きが目立つのは、味方非運に陥った時で、チイムとしては有難くないことであろう。「国危うして忠臣出づ、というのはこれだね」と傍人にささやいたら、人に聴かれたと見え、雑誌に出されて冷かされた（そうだ）。

しかし「ここを先途と」戦うものは独りG. K.のみではない。G. K.の働きだけが目に付くのは未だゲエムの見方を知らないからであろう。この次のシイズンにはもう少し進んだ見方をするつもりである。

別に進んだ見方というほどでもないが、私がテニスのフォオムの吟味から始めて年来一般の競技に応用して、楽しんでいる見方がある。それは（これは既に試みている人も多いだろうが、）時々球の行衛《ゆくえ》を度外して、人の動作のみを注視することである。大概の人は、球を扱うゲエムだと、球の行衛を追うことに忙しいから人間の動作は半分くらいしか見ていない。例えばテニスについていうと、球がネットを越えると見物の視線もそれとともにネットを越える。競技者の動作は球がその附近にバウンドした頃になって始めて注視を受ける。ところがその球が打たれてラケットを離れると、観者の目は早くも再び球とともに打者を離れてしまう。球を打つ前の準備として如何なる動作をするか、球を打ってしまった後で如何なる姿勢を取るか、ということはよく見られてない場合が多い。フットワアクが大切だ、フォロオスルウが充分でなければならぬ、という議論は定説のようになっているが、球を無視して競技者の動作の終始を視ていないとこれがよく見えない。しかしウッカリ見ている内につい誘われて球の行衛を目が追うから、始めは持ち合せの書籍や紙片などで他を遮って視線を特定の競技者の一人のみに定めるようにやって見た。こうやって見ると、フォオムの良否というものが、打球の瞬間にあるのでなくて、それ以前と以後の動作や姿勢によるところの多いことがよく分かる。多くの選手が打球の前と後とにおいて実に無用（或いは有害）な動作をしていることも分かる。また、名選手の準備動作の夙《はや》いことが分かる。概していうと、フォオムの悪い選手は準備動作が晩《おそ》く、また堅くなり殊に相手の球を恐れている場合には準備動作が著しく晩い。これはテニスを例にしていったものであるが、同じ見方は他の様々の競技に応用しても興味ある観察または発見が出来るようだ。例えば野球についても、吾々は球の飛ぶ方ばかり眺めていて投手や打者や捕手、または内外野手の動作を看過する部分が多いのではないか。或る打者の弱点または長所の如きも、投手や或いは打たれた球の方向を無視し、まだ打者の打撃動作の始終のみを注視することによって会得することが出来るように思う。同様に球が或る方向に飛んだ場合、直接その球に接触しない方面の競技者の動作を見るのは興味のあるものである。こういう見方が有用か無用か、それは姑《しば》らく措くとしても、ただ面白いというだけでもかなり面白いものである。私の知っている学生に平生変った観察をする者があって、それがこんなことを言う。「先生、打者が内野ゴロを打って一塁でアウトになった時、マスクを取った捕手が本塁の方へ駆けて帰って来る光景はよく御覧になるでしょう。けれどもその前に捕手がマスクをかなぐり捨てて一塁のバック・アップに駆け出すところは見ている人がありませんねえ」と。私は些か這般《しゃはん》の趣味を解するつもりのものでこの学生の観察を面白くきいた。しかしこれは野球庭球に限らず、どのゲエムでもあることで、そのつもりで見だすと幾つも小さな発見をして会心の笑を漏すことがあるものである。

年々学生との交際が広くなって、色々の会合に招かれて出席する。殊に近年多くなったのは、各種の競技会からの案内である。運動競技が嫌いだと無事なのだが、生憎好きであるため段々間口が広くなって行く。新しい一つの競技に案内されて見ると早速面白味を感じる。また、一つの試合を見に行くと、すぐ別の部でも誘いに来てくれる。慶應義塾体育会には今、部の数が二十三ある。そうしてその大部分は対校競技をやる。勿論みな見に行く暇はないが、しかしこの見物に費す時間というものがかなりなものである。

競技の中では、自分が長く関係していたから、テニスが一番よく分る。それに次ぐのが野球である。野球は十歳前後から三田の山で見ているから、数えると四十年になる。四十年一つの競技を見ていたら、もう少し目が高くなりそうなものだが、一向駄目である。しかし駄目でも何でも、兎に角長年見ているから、常識は持っている筈である。その次ぎは、ラグビイ、ソッカア、ホッケエという順であろう。柔道相撲も好きである。ボオトは怪しい。競漕は好きでよく見に行くけれども、技術的のこと戦術的のことは、先ず分らない。この頃の新しい水路の潮や風のことも全然不案内である。しかし、色々教えてくれる学生があるから、やがて本当の面白味を知るかも知れない。

分らないというよりも、見えないのは、剣道の勝負である。これは剣が早くて、入ったか入らないか私の目では見えないことが多い。従って、剣道の試合を見ていると、こわい、というほどでもないが、緊張して疲れる。この電光石火の竹刀がチャンと見えるというのは驚くべきことだ。昔から、「一眼」というが、彼等の目の鍛錬は実に驚くべきものである。

何時かこんなことがあった。何かの機会に招かれて剣道部の道場に往くと、特に私のためにお好みの勝負をさせて見せてくれた。三段中の精鋭という二人の者が選ばれて立ち合ったが、それが一合撃ち合ったと思うと、如何なる業か、一方の者が竹刀を打ち落とされた。とたんに飛びしさって、空手の剣士は竹刀を振りかぶった相手と、二間ばかりをへだてて相対した。唯見る。打ちおろす。引っぱずして手許へ飛び込む。次の瞬間、二人とも竹刀を捨てて組み合った。間髪を容れぬどころではない。私には全く見えなかった。三段中の精鋭だという手利きの打ちおろす竹刀の下を、どうして潜ったか。人間業とは思えなかった。この目の早さが鍛錬というものによって養われるとすれば、実に鍛錬とは恐ろしいものである。

寺田寅彦氏が米粒に千字文を書く人の話を、何かに書いていた。それは大体こんなことであった。先ず最初に米粒を指頭にのせて、毎日ただ眺めているのだということである。幾日かただ眺めていると、米粒がだんだん大きく見えて、しまいには鳩の卵くらいに見えて来る。そこで筆を執って字を書くのだというようなことであった。同時にたしか天体観測者の眼の練磨のことが書いてあった。練磨によって、常人の目に捉え能わぬ運動物体をよく望遠鏡裡に捉かむというのであった。

思うに米粒が鳩の卵ほどに見えると同様に、剣道達人の目には、打ちおろす相手の剣が、吾々が見るよりも余程おそく、誇張していえば、スロオモオションの映画中の動作でも見るように、映ずるのであろう。同様のことは、野球や庭球の選手についてもいうことが言える。テニスの選手がネットぎわで激しいヴォレエを打ち合うなどはそれである。常人の能力から見れば、たしかに超人的といって好いものがある。私は、常に人類あって以来、その四肢五官の能力が練磨によって如何に高められて来たか――他方に能力退化の場合もあるが――ということに興味を感じているが、運動競技を見る中に屢々その例証を見出して感心するのである。

抑《そもそ》も、早く走り、高く跳び、或いは長く泳ぐ等のことは、人間の生活にとって実用のあることであるが、また同時に実用を離なれても、それは人類あって以来、その不断のアスピレエションであったし、また今でもそうである。この点において私は各種運動のレコオドを、また人類のレコオドとして興味をもって見ているのである。例えば、百メエトルを八秒で走って、それが何になるという批評もあろうが、しかし空を飛ぶこと、水を潜ることと同様に、これ等のことが吾々の祖先以来の人類としての願いであるのだと言って好いと思う。しかもその人類の能力が練磨によって高められるというところに、私は無限の興味を感じているのである。

クロオル泳法というものが採用されたのも、私どもが覚えてからのことである。最初は、あれは短距離の速泳法であったように思う。然るに何時か距離は延びて、千メエトルでも千五百メエトルでも、必要ならばもっと遠くでも、人々はあの泳法で泳ぐであろう。これは練磨とともに発見によるものであろう。人々は、敢えて試みることなしに、久しくクロオルでは短距離しか泳げないものと極めていたようである。それがやって見れば、千五百メエトルでも、それ以上でもあの泳ぎ方で泳ぐことが出来る。よくは知らないが、陸上の四百メエトルにも同様のことがあるらしい。私などの以前聞いていたところでは、四百の走り方が一番むつかしい。それは百や二百と違い、また八百や千五百とも違い、四百では終始疾走する訳に行かず、また長距離走法を用いることも出来ぬから、その力の節約のし方が問題だというのであった。しかし今聴いて見ると、今日の選手は、皆な四百を終始疾走で押し通すということである。これなども、前のクロオルと同様で、やって見ればやれることを、始め遠慮して試みずにいたのである。

人間の技術の発達の歴史には、こういう積極的強引的解決によって成功した例が少なくないと思う。素人考えで間違っているかも知れないが、ボオトのピッチなども、誰れか強引なコオチが出て、今よりもウント引上げ、全コオスを（でないまでも、コオスの大半を）力漕で漕ぎ通すなどということも、今にやり出すかも知れない。練習とアムビションが、今日まで幾つかの不可能とせられていた事を可能にして来た。今後も無数にこの例証が加えられるであろう。スキイのジャムプなども驚いたことである。考えて見れば、物理上たしかに跳べる筈には相違ない。しかし、ただ雪の上を滑り、曲がり、止まるというだけが大仕事であった時に、誰れがあんな離れ業を考えたであろう。こういう小さい事にも、人類全体の発達の縮図が見られるように思う。

従来不可能視されていたことが可能になった例は、スポオツの部面から幾つでも拾い出すことが出来る。テニスでいうと、始め、スマッシは受けられないものと思われていた。従って、はじめは、敵のネットプレイヤアに打ち頃の球が行けば、万事休す、と諦めてしまったものであった。然るに、不屈心と企業心とに富む選手が出て、諦めないでそれを受けようと努力すれば、その多くのものは受け返せることが分った。ネットプレイヤアがロップで頭上を越された場合も同様で、はじめはもう仕方がないと諦めたものである。それを諦めの悪い、勇気のあるのが追っかけて見れば、追っかけられることが分ったのである。そしてそれが今日普通の事になった。

野球で、二塁の走者が単打によって一挙本塁を衝くということも、始めはやらなかった事のように思う。外野の守りが昔より深くなったというようなこともあるが、要するに誰れか果敢なプレイヤアが始め敢行——それも恐らく始め先輩や僚友の無謀の譏りを冒して敢行して——それ以来定石となったものであろう。また併殺ということも、これも無論始めはなかった事であろうと察せられる。例えば一塁に走者がいて、内野ゴロが打たれた場合、人々は始めは必ず二塁に投げるか、或いは一塁に投げるか、ただそれだけで満足したであろう。この一打を捉えて、一球で二人を併せ斃すということは、誰れか慾の深い、独創的な人物が後に案出したことに相違ない。これ等の新機軸を出した人は誰々であったか。それには記録に名の残っている人もあろうが、全く忘れられてしまっているのが大部分であろう。人類の技術というものは実に無数の無名の人の工夫によって進歩して今日に至ったのである。

かかる技術の発達から規則の改正が必要とせられて行く径路も興味がある。前記の例についていえば、或る塁に走者のある場合、内野フライを直ちにアウトと宣告するという如きは、当初の立法者には思いも寄らぬことで、それは全く併殺技術の発達のために必要となったことであろう。またそうして誰れも皆なこの改正を有理と首肯するのである。法学博士田中耕太郎氏は、自らテニスを好み、テニスの規則が法学的見地から見て、極めて合理的であるといって賞讃しているが、テニスに限らず、凡《す》べて運動競技の規則と、その規則の変遷を考えることは興味が多い。技術の発達の外、更に用具の進歩または変化のために起る変遷を併せて考えれば一層の興味がある。一切の社会生活は「法」という枠があって始めて可能であり、かく枠の内で営まれる生活そのもののために更に枠そのものの変化が促されるということは、例えばシュタムラアの如き法理学者の得意の題材であったが、野球を始め多くの競技の規則についても充分この種の考察を試みるだけの材料はある。東北帝大の某教授は、野球規則に興味を持って頻りに研究しているときいたが、たしかに面白いことに相違ないと思う。

運動技術の発達に関聯《かんれん》して面白く思うのは、熟練者の保守主義ということである。

過去において、技芸の進歩は、奥儀秘伝ということと結び付いていた。これには当然強い保守主義が伴っている。技芸に忠実なるものは、忠実であればあるほど、技術の革新、新技術の発生に対して反感を抱くのが常であった。これは、技芸を尊信する純粋の芸術家気質からも来ているし、また折角苦心して修得した己れの技芸の無価値になることを恐れる利己主義も混じている。芸術のみならず、産業技術も同様であって、従来熟練工というものは、多く新技術の発生を嫉視した。ギルドや労働組合の仕事は、過去において、見ようによっては半ば新技術の採用を妨害することにあったと謂っても好いくらいである。現にこの方面の権威者たるシドニイ・ウェッブの如きも、生産技術の選択は生産者に任せてはならぬ。生産者に任せば技術の進歩は止まると言っているくらいである。

運動競技にもこれがあると思う。名人と称し得るほどの選手には、往々自己の修得したものに恃《たの》む余り、技術の変化を喜ばぬ傾きがある。旧日本式の水泳の名手中には必ずクロオル泳法の勃興を喜ばなかった者があるに違いない。そうしてその動機は、半ば純粋の確信から出で、恐らく半ばは自己の技術のすたれ物となることを厭うところにあったであろう。二十幾年前塾の庭球部が率先して始めて硬球を採用した時にもこんな話がある。硬球を採用して早く国際的舞台に乗り出せということは、以前から一部の先輩に勧められていながら決し兼ねていた。それが当時、試合の相手としていた某校と紛議を起こして、面白く試合が出来なくなったものだから、国内でグズグズ云って喧嘩しているより、一そ思い切って広い世界へ飛び出そうという気になって、決断したのである。ところで面白いのは、この時硬球の採用に反対したのは、部内の有力な選手達で、これに賛成したのは下積みになって燻《くす》ぶっていた連中であったことである。反対した者の中には、真に軟球の妙味が棄てかねて反対した者もあろう。また折角修得した技術をすてて新たに下積みの連中と同じ処からスタアトして、硬球技を学ぶのは嫌やだと言う気持ちも働いたであろう。同様に賛成者の賛成の動機にも、これを裏返したようなものがあったのである。ただ実際にやって見ると、反対者の心中の懸念は杞憂に過ぎないで、軟球の名手はすぐ硬球の名手になった（第一の例、熊谷一彌）。

しかし一技の熟達者が兎角新技術の採用を快しとしないことは、こんなところにも窺われる。私は上記ウェッブの観察について話をする場合、屢々《しばしば》この体育会内の小事件を想い起すのである。同様の例は、技術の練磨を必要とする人間生活のあらゆる部面に見出される。ただ新しいものが、往々その真実の優秀のためではなく、ただ現在の技術に年季を入れることをのみ厭う、不平なる怠け者によって唱え出されることがあるのは困りものだといわなければならぬ。現在の技術に熟達しながら、しかも常に新しいものに対する感受性と寛容とを失わぬ人々こそ、真に尊敬を受くべきであろう。これは狭い、技術の世界のみではない。学問界においても全く同じである。

（『三田文学』昭和9年5月号、昭和14年8月号）

スポオツ一般

すでにテニスと野球のことを書いた。スポオツに関する話題はまだ尽きない。前に話したように、私が選手生活の経験があるのはテニスだけであるが、囲碁、将棋、カルタ等々の室内遊戯とは反対に、およそ戸外で身体を動かすことは、何でも好きな方で、大概の運動競技は一寸《ちよつと》手を出す興味があり、見物人としての面白味を解することも、あまり遅くないつもりである。

その興味が慶應の塾長になると、俄然として昂進した。そうして頻りに運動の練習や仕合を見て歩くようになった。その頃大体毎週一回、日吉台の予科の授業の模様を見に行くことにしていたが、用務がすむと、教室の背後の急坂を降りて、谷間のような一地区の運動施設を一廻りするのが常であった。テニスコオトが八面並んでいる。その隣りに柔剣道場がある。一寸離れて相撲、空手、拳闘、弓術の道場がかたまっている。別にヴァレエ、バスケット・ボオルのコオトがある。坂の半腹の卓球部のハウスからはピンポンの音が聞こえて来る。賑《にぎや》かなものであった。私はこれ等の運動のどれにも興味があった。その頃は太平洋戦争の直前または最中のことで、私が見に行くと選手等は練習をやめ、整列し、キャプテンが軍隊風に「礼」と号令をかけて私に注目の礼をする。始めはきまりが悪くて閉口したが、後には段々慣れて、鷹揚に答礼するようになった（つもりである）。

その頃、慶應義塾の体育会には部の数が二十三あった。それが大抵皆な対校競技をする。仕合があれば、殊に対早稲田大学の仕合があれば、必ず塾長を招待する。一の試合を見に行けば、他の部でも来いという。嫌いなら無事だが、面白がる方だから、招かれるのを好いことにして顔を出す。段々運動家との交際が広くなって、二十三種類の競技全部を見たとはいえないが、その大部分は見るようになった。当時の日本の大学総長で、私ほど運動場に姿を現すものはなかったであろう。これは多少は、何時も学生とともに在りたいと心がけたのでもあるが、今、反省して見ると、室内で事務を見るのが苦が手なところから、機会ある毎に青空の下に出たがった、というのが真相であったかも知れない。

私は長い間、自由な大学教授の生活に慣れ、それを楽しんでいた。日本の大学教授の待遇はたしかによくないが、それでも、これほど自由で気楽な生活は少ないであろう。大学教授に自由な時間を与えるのは、研究の必要のためであり、それはたしかに研究のために費されるが、同時に遊ぶためにも使われる。少なくも私は大いに遊ぶためにそれを使ったから、塾長に就任して、終日室内で行政事務を処理しなければならぬとなると、かなりそれを負担に感じた。私が久しくやめていたテニスをまた始めたのも、執務の合間に、若い友人を誘い出しては、校庭の一隅でキャッチボオルをしたりしたのも、今考えて見ると、皆な気分転換を求めたのであったろう。

第一次大戦の後、ドイツでは社会学が勃興し、幾年かの間、ありとあらゆる研究に「社会学」と銘打つことが流行した。例えば有名なマックス・ヴェエバアの如きも、「音楽の社会学」という単行論文などを発表した。私も社会科学をやる人間であり、そうして学生スポオツについては誰よりも直接資料を集め易い地位にいるのだから、一つスポオツの社会学とでもいうものを打ち立てて見ようかと考えたことがある。例えば早慶野球試合というような、昔のオリムピック祭典競技にも比すべき、全社会を熱狂せしめる行事の満たす社会的必要、スポオツマンシップという道徳の意義と由来、運動選手とその先輩の形づくる特殊の社会集団及びそのイデオロギイ、競技の規則と、それに規制される競技の実践が、やがて規則そのものの修正を促すに至る径路等々が、私の興味を惹いた。この最後の問題の考察は、有名な法哲学者ルドルフ・シュタムラアが唯物史観を批判した、あの大著『経済と法』の考え方によって示唆されたのである。

そう思い立ってから、そのつもりで本を読み、心づいたことを書き留めたりして、少しは覚書も作ったが、まだ纏《まと》まらない中に空襲で資料一切を失ってしまった。固《もと》より惜しむに足らぬディレッタント的考察に過ぎないが、スポオツの社会学的研究は、今後誰れか手を着ける人があっても好さそうなものだ。先頃岩波の写真文庫が「野球」を取り扱って、好評を得たときく。あれは野球の技術、殊に打撃を物理学的に説明したものであったが、ひとり野球と限らず、スポオツ一般を社会学的に取扱っても、優に写真文庫数冊を塡《うず》めるに足るものが出来るであろう。

そういう訳で、スポオツ社会学は物にならなかったが、ただスポオツを見て楽しむことは、何時になっても変らない。見て理解する程度は、私としては、無論テニスが第一であるが、そのテニスでは最近ひどい失敗をした。今年（昭和二十六年）の春、デ杯選手が出発するときのことである。私は朝日新聞に寄稿して、勝敗の成績は必ずしもあきらめたものではない。次第によっては、随分面白い結果にならぬとも限らぬ、と書いた。これは監督の熊谷一彌も同意見なので、私としては恃《たの》むところもあって書いたのであったが、さてやって見ると、大違いで、少なくもスコアの数字の上だけから見ると、散々の大敗であった。ところが、私はまだ懲りない。わがデ杯選手の帰朝を追うて、アメリカの名選手が二人来て、日本で仕合をすることになった。私は日本の現代表選手が、外国に旅行し、不慣れな客地で仕合をするという不利がなければ、相当の勝負はなし得ると見ているので、新聞記者にそう語り、またその通り朝日新聞に出た。読んで、またか、と笑っている人もあるであろう。試合は明後日（十月十一日記す）からあるので、無論私は見に行くが、今度失敗したら、テニスの評判はもうやめなければならない。（日本の選手隈丸は嘗ての全米第一位選手ラアセンを破ったので、私は発言権を失わずに済んだ。）

野球のスリルは、他のどのゲエムよりも運の支配があることにある。先日も慶明の物凄い接戦を見た。明大二点のリイドを、慶應、第九回二死後に追撃して同点となる。延長戦となって、先攻の慶應に得点なく、明治代って打ち、忽《たちま》ち無死満塁となった。そうして次の打者は、早くも三つのボオルを得た。ここでよしヒットでなくとも、ただ一つのボオルか、ただ一つの外野フライによって、明治は勝てるのであった。その三つの中のどの一つもが出ないで、終《つい》に明治は敗れ去ったのである。勝負に運はつきものであるが、野球仕合のそれほどその岐れ目の嶮《けわ》しいものはない。そうしてこれが、野球というものが、あれほど大衆の愛顧を受ける一の秘密であろう。

スリルという点で、野球とはまた別種のそれを感ぜしめるものは、アイス・ホッケエであろう。先年久しく早慶のアイス・ホッケエは、一月十日の夜、芝浦のリンクで行われるのが例であった。それは丁度福澤先生の誕生日で、毎年この日、三田の慶應義塾では夕方からその記念会が行われる。塾長の私は、謂わば会の主人であるから、動く訳には行かない。散会するのを待ちかねて、かねてしめし合せた友人とともに、芝浦へ駆けつけた幾度かの記憶を、私は持っている。場内に入ると、燦然たる燈火が、氷面に輝いている。試合の開始に先だって、両軍の選手は、あの長刀のようなスチックを横たえ、一列をなし、幾度かゆるやかにリンクの周囲を滑走する。ときどき氷面に霧が湧き起って、選手の姿が隠見する。実に美しいものであった。いざ試合となると、何分急速力で物体が動き、且つ衝突するのであるから、ハラハラすることばかりである。スケエトの鋼鉄が氷面を撲つと、火花が散る。時には、あの重いスケエトを着けたまま、倒れた人の上を跳び越えるようなこともある。

当年の名選手の幾人かを、私はよく知っていたが、今はどうしているか。戦争にも生きながらえたか否か。相見ざることは、すでに十幾年になった。

美しいことでこれに比すべきは、夏の夜、神宮プウルで見る水泳競技である。一の競技の勝負が決する。歓呼と拍手と満場のどよめきは暫らくやまない。この時、競泳者によって掻き乱された水面に、燈火の影は粉な粉になって散り、きらめく。やがてどよめきが静まるとともに、水の面も漸く落ちついて、一つ一つの燈影がハッキリ長く、静かに映って、ゆれる。人々はまた新しい興味をもって次ぎの競技のアナウンスメントを待つ。あの時の気分は好いものであった。

私は水が好きで、ボオトも和船も漕げる。和船の帆走もしたことがある。スカルは漕げるとはいえないが、十二インチので練習して、何度も水に落ちたことがある。ただ遂にボオトレエスの妙味は解するまでに行かなかった。レエスは毎年向島または尾久まで見に行き、モオタア・ボオトに乗せてもらって、競漕艇のあとを追っかけることはたびたびしたが、遂に何処のカアヴ、何処の水流がどうで、ピッチを何処で上げ、何処で下げたら好いのか等々は、分らずじまいであった。五艇身の差だから大勝、半艇身の差だから接戦というくらいしか分らなかった。

ただ私は、ボオトの選手について幾つかの気持ちの好い記憶を持っている。レエスの前に、やはり幾度も向島の選手合宿に立ち寄って見たことがあるが、合宿は早稲田の合宿と相接していた。私が気持ちよく思ったのは、両校の選手がいかにも隔てなくつき合って、互いに勝敗を争う間柄であることを、意に介していないように見えることであった。無論競漕の相手であるから、互いに油断なく、その長短を研究し合っていたに違いないが、競漕は競漕、ふだんはふだんという態度には洒々落々たる胸懐が感ぜられ、運動家はこうありたいと思ったことを憶えている。私が訪問したときにも、隣りに向って「オオイ。今日は菓子があるぞ。あとで食いに来い」などと怒鳴っているものがあった。或いは私が届けさせた菓子のことをいってるのであったかも知れない。一般にボオトの選手には船頭気質ともいうべきものがあり、お上品を喜ばず、シャツと半ズボンに下駄を穿いて、手拭で鉢巻きという風体で、桟橋のあたりを歩いていたものであったが、終戦後の今もなお然るや否や。

気質といえば、慶應義塾の学生について私の知る限りでは、山岳部員とヨット部員には特殊の気風と風格が感ぜられた。それは彼等が、共に都塵を脱し、自然の懐ろに抱かれて日を過ごすからではないかと思われる。私は青年時代の或る期間、山や森林にあこがれ、小島烏水の日本山水論などを愛読して、当時横浜正金銀行の若い行員であった小島氏を、一夜、横浜戸部の宅に訪問して、話をきいたことなどもある。しかし何分脚絆草鞋《わらじ》ばきで、菅笠と茣蓙《ござ》で雨と日をよけ、金剛杖をついて登るという時代、ピッケルとか、ザイルとか、アイゼンとか、ヒュッテとかいうドイツ語のまだ入って来ない時代の登山であるから、今日のアルピニストとは話は通じない。私の方では、山岳部員の特殊の気品を愛したけれども、彼等の方から見れば、私はあまり話せる校長ではなかったかも知れない。

これに反しヨットの方は、次に記すような事件もあって、私は多くの選手と親しくした。ヨットの対校競技は、十二フィイト・ディンギイ（dinghy）と称する、名称通り長さ十二フィイト、たった一枚の帆で走る二人乗りの小舟で行われる。私は自分はこれに乗ったことはない。けれども、元来帆を操るという技術は、人間の誇って好い工風であると、私はかねて思っている。風を帆に受けて、風上から風下に走るのはすぐ解るが、風の方向の左右に走るのみならず、その左右に走る角度を鋭くし、ジグザグ航走を反覆することによって、実に風下から風上に遡ることが出来るに至っては、驚異といわなければならぬ。これを船頭の術語で「まぎる」という。少し余談になるが、福澤先生の『学問のすゝめ』第十五編「事物を疑て取捨を断ずる事」の主旨は、文明の進歩に事物を妄信せずして疑う心から起るというにあるが、その一節にこういってある。

「……異説争論の際に事物の真理を求るは、猶《なお》逆風に向て舟を行《や》るが如し。其《その》舟路を右にし又これを左にし、浪に激し風に逆ひ、数十百里の海を経過するも、其直達の路を計れば進むこと僅《わずか》に三、五里に過ぎず。航海には屢順風の便ありと雖《いえ》ども、人事に於《おい》ては決して是れなし。人事の進歩して真理に達するの路は、唯《ただ》異説争論の際にまぎるの一法あるのみ……。」

このまぎるとは果たして何か。多くの読者はこれを知らない。試みに福澤学の第一人者富田正文にきいても、知らないという。これが即ち前記のジグザク走法で、偶々《たまたま》この語を知るものにとっては、先生の文章は明瞭そのものである。これは無用の衒学に類するが、兎に角そういう訳で、私はヨット航走に興味を持ち、海上湖上に白帆の動く景色を愛する。そうして早慶両校の青年は、この技術でも優劣を競うのである。

その頃「微風の慶應」ということがいわれた。それは早稲田の選手は疾風に舟を行ることに長じ、慶應の選手は微風に帆を操つることが巧みだというのであったろう。元来私は微風が好きである。冬は姑《しば》らく別として、春も夏も秋も、微風に面を吹かれるときに、私は様々のことを思う。感情も、思想も、このときに清く、またゆたかに湧き起るのを自ら覚えるのである。その微風の慶應が、或る年の春、「疾風の早稲田」に優勝した。私は些《いささ》か祝意を表したいと思い、ヨット選手一同を午餐に招待しようとした。

これは何も特別のことではない。その頃私は慶應の学生で、学芸でも運動でも、何かのコンテストに頭角を現したもののあるたびに、彼等を、社交クラブ交詢社の午餐に招いて、話をきくのを常とした。私は屡々《しばしば》このクラブの小さな別室で、この午餐の卓に就いて、学生と話をすることを楽しんだ。ヨット部に対しても、いわばこの常例の招待をしようとしたに過ぎないのであった。私はその伝言を、体育会主事のTに依頼し、兎も角も会って直接話しをするから、主将を私のところへ寄越して下さいといった。

後になってきいたのであるが、悪戯好きのTは、主将のMを呼び出し、塾長が用があるといってるから教員食堂へ行け、もしかすると、叱られるかも知れないぞ、といった。Mは何事ならんと、おずおず出頭した。そんな事を知らない私はMの現れたのを見て、「昨日はお目出とう」と祝詞を呈したけれども、Mの答はハキハキしない。「ついては」交詢社で選手全員に午餐を上げたいが、といっても、Mはそわそわしていて、「イエ、もう結構です」などといい、招待に応じるということをいわない。話しは、続ければ続けるほどチグハグになる。私は到頭中っ腹になって、「強いて来なくてもいいんだから、嫌やならよし給え」と突っ放してしまった。Mは悄然として出て行った。

暫くしてMはまた入って来た。「先刻はああ申しましたけれども、みんなが呼んでいただきたいといいますから、伺います」という。なんでも、選手達に報告したところが、「招待されて断って来る奴があるものか」といわれて、考えて見ればそれに違いないと、また出直して来たのだという。その中にTの悪戯が分って、大笑いになった。本来のMは、そんな間の抜けた返事をする男ではないのである。

この時以来、私はMと親しい交りをするようになった。彼れは慶應義塾を卒業して、間もなく出征し、殆ど十年に近い年月を大陸で過ごしたが、無事に終戦を迎えて、また私の家に現れるようになった。もし彼れが、始めに頓馬な挨拶をして私を怒らせなかったら、彼れと私との交りは、特別の記憶の伴わぬ、通り一遍のものに終ったであろう。何が互いの仕合せになるか、分らないものである。

こんな調子で思い出すことを書いて行けば、際限はない。また、私が興味を感じているスポオツも、今までのものでは尽きないが、今先ずこれまでで打ち切りとする。

（『新文明』昭和26年12月号）

スポーツ老人

最近或る新聞で人物評論をされた中に、明朗なるスポーツマン、というような言葉があった。私程度の運動経歴でスポーツマンもないものだが、しかし、いわれて悪い気持ちはしない。私としては負傷後の身体の利かない今も、スポーツを愛することは変らないし、平生のものの考え方でも、常に精神と肉体の調和を喜び、フェアプレエを尚び、晦渋《かいじゅう》よりは明快を、偏窟よりは真直を、文弱よりは寧《むし》ろ武骨を取る、という意味において、スポーツマン的であると、いえるかも知れない。今から見れば、幼稚なものだったが、学生時代に運動選手をし、教授、塾長時代に各種スポーツの奨励者であった体験は、やはり何等かの程度私の一生に影響していると思う。

私は空襲によって相当重い火傷を受け、顔面と双手に傷痕をのこしている。顔の相好は兎も角も、手は左右とも不自由となり、比較的無難の方の右手も、植皮後の皮膚が縮んで窮屈となり、終始無理に小さな手袋を穿めたような感覚が去らない。従って、しっかりラケットを握ることが出来ない。それに、脚である。顔や手に受けた火傷と脚との関係は、今もって不明であるが、兎も角も腓腸筋の運動神経が異常となって、爪先きで立つことが出来ず、走ることが出来ない。従って、嘗《かつ》て熱心にやったテニスは、断念しなければならぬことになった。

しかし、右手の指はほぼ健全である。膝から下の両脚は瘠せて二本の棒のようであっても、双肩と双腕は旧に変らない。私は元来強肩といえるのではないかと、自惚れている。テニスの選手時代、早稲田に行って仕合をして、私の第一サアヴィスがフォルトになると、コートを囲む早稲田の応援団は歓声をあげた。それだけ、私の第一サアヴを恐れたのであったと、思いたい。獅子文六君が慶應幼稚舎生時代の思い出に、当時選手の私たちがラケットで球を空中高く打ち上げ、それを幼稚舎の子供達に捕らせたことを、書いたものがあった。そんな時、私は一番高く、遠くへ球を打つことが出来た。この肩は野球のとき役に立つ。私は野球選手をしたことはないが、クラス対抗の仕合などに出場して、強肩といわれて得意になったものである。それは五十年前の昔話であるが、私は今も青年の友とキャッチボールを楽しむことが出来る。火傷した右手の指も球を摑むには足るのである。

この八月中皇太子殿下は軽井沢に御滞在になった。私は先日、拝借している自動車の運転手で、野球の心得のあるものをそそのかして、ボールとグラヴを持って来させ、御留守の東宮仮御所にひそかに参入した。庭園の一隅で、球を投げ合おうというのである。私の望みは、今は小さい。投手と捕手との正規の距離は十間余りであるが、私はこの正規の距離で球を投げ、いくつかのストライクを投げ得れば、それで満足するのである。仮御所の庭には、テニスコートがある。コートのサイドラインは約十三間であるから、それに沿うてほぼ十間の距離を測ることは、極く容易《たやす》い。私は運転手の青年を適当の位置に立たせて、投げて見た。どうか。兎に角球はとどく。コントロールはといわれると困るが、しかし、寛大な審判なら、「ストライク」と右手を挙げるであろう球も幾つかあった。久しぶりのことで、僅か二十分ばかりの運動に、全身汗になり、ヘトヘトになったが、私はそれで十分満足した。そうして、更に数日後、また運転手を誘った。なるたけ顔を合わさないようにはしたが、東宮職の御留守を預る事務官たちは、頓狂な老人だと思ったことであろう。

こう書いて来ると、私は運動神経がありそうに聞こえるが、あまりそうでもない。子供のとき、私は虚弱な、内気な子供であった。水を恐れて、水泳の稽古なども、嫌がって避けようとした。早く父を亡ったので、特に男の子は厳格にしなければならぬと心がけたらしい母の命令で、いやいや習ったというのが事実に近い。私は子供のときと青年時代とで、体質も性質も少しちがったように思う。私は後には色の黒い人間に数えられ、長く慶應義塾で同僚であった、澤木四方吉の、骨細で色の白いのを冷かしては「色の黒きは七難かくす」などといったものであるが、子供のときは日にやけない、蒼白い子供であった。十ばかりのとき、後に、東京海上火災保険の社長になった谷井《やつい》一作が、やはり同じ年頃で、日清戦争後の一夏、谷井の叔父さんで、横須賀に住んでいた或る海軍士官の家へ、一緒に預けられたことがある。吾々は毎日軍港の後方に当り、正面に猿島という小島を望む浜の浅瀬で、顔を水に浸けてバチャバチャやったが、東京へ帰るとき、谷井は立派に水泳色に染められたのに、私は家を出たときとあまり変らない顔色で帰宅した。母は、私が日に焼けないのを貧血のためと考え、心配して鉄剤などを私にのませた。それが青年時代、急に身長が延びるとともに、体質が変ったものか、顔色が赤黒くなって来た。後に私がテニスの選手となり、朝から晩までコートで暮らしたその頃、選手や部員の名前を読み込んだ、「慶應義塾庭球部員の歌」というものを作ったものがある。その一節に

タドン、ガサ公、ガラ熊は
三黒面の揃ひにて、
日本に見慣れぬ印度人、
知らぬ犬ども吠えぬらん。

とあって、皆に歌いはやされた。この第一行のタドンは私の綽名《あだな》である。本来は、球を打つとき、炭団のような目玉をするというのでつけられたのであったが、顔が丸くて黒いから炭団、という方が分り易いので、いつか黒色の代表者のようにされた。ガサ公、ガラ熊いずれも仲間の綽名であるが、皆な遠の昔死んだ。そうして、昔、私を「タドン」と呼んだ友だちも、数えて見たが殆ど四散した。五十数年前のことだから、それが当り前であろう。ただ私はそれを、小児または少年時代から青年時代へかけて、自分の体質や性情が少し変ったのでないかと思うことに関聯《かんれん》して想い出すのである。私は蒼白い子供から日に焼けた青年になり、沈鬱よりはどちらかといえば元気のいい人間

庭球部選手時代（中列向かって右から３人目が小泉信三）

に数えられるようになった。運動をやり出したので、元気がよくなったのか、元気が出たので、運動に熱中したのであったか。兎に角一つの変化があったことが回想される。

蒼白い子供から赤黒い青年になる中間期に、私は一寸弓術を学び、一時興味を持った。弓術射場は当時三田の山の上、今の学生ホールの前あたりにあり、師範は日置流《へきりゅう》道雪派の名家若林正行翁であった。私は当時数え年十二か十三で、まだ慶應義塾へ入学せず、三田台町の御田《みた》小学校に通っていたが、慶應義塾に縁故のある家の息子だというので、特別にしてくれたのであろう。今の体育会規則からいえば許されないことだが、私は異《あや》しまず、いわれるままにこの道場へ通って、十三の子供相応の弱い弓を引き習った。当時、福澤先生はすでに大患後（脳溢血）の老人であったが、その先生の第一の寵孫中村壮吉が私より一つ年下で、やはりこの道場へ来て弓を引き出したので、先生はたびたびお供のように、この少年について、そこへ見に来た。今、気がついて見ると、塾生でもない私がここへ入門することを許されたのも、或いは先生のお声がかりであったかも知れない。

私は到頭弓を物にしなかったが、始め進歩は早いと、師範にいわれた。まぐれ当りには違いないが、入門の年の秋の大会に金的に中《あ》て、一等賞の金メダルを取ったのは、人も驚いたろうが、自分も驚いた。その時の記事が当時の時事新報に載っているのを、昨今福澤全集編纂のため時事新報の古いバックナムバアを点検している友人が、先日見出して、写して送ってくれた。今ちょっと手許から見失って、原文のままを引用できないが、たしか明治三十三年十月某日のことで、当時の新聞記事は皆なそうであったが、子供の弓士が金的に中てたというので、人々ヤンヤとほめそやしたという意味が、古い戦記のような文章体で書いてあった。それが私が新聞というものに名を出されたそもそもの最初である。

しかし、この成功は私の弓術修業には害をなした。私はそれで慢心して怠け出したとは自覚しないが、無邪気でなくなって、人の批評を気にかけるようになった。いずれの技芸も同様だが、弓術の進歩にも当然波がある。そのスランプが来たとき、私は勇気を失って、道場に足が遠くなり、遂にそのままになってしまった。始め私より下手であった中村壮吉は、稽古を続けた結果、或るところまでは達したと記憶する。

この若林先生は、当時よほどの老人と見えたが、考えて見ると、今の私より若かったのではないかと思う。先生は京都の人で、弓術師範の家を嗣ぎ、青年のとき、あの長州兵を撃退した蛤御門の変には、弓矢を携えて禁門の衛りに就いたという。もうすでに盛んに火器の用いられたあの頃の戦闘に、どんな強弓を引いて見たって役に立たないことは分っているが、役目柄出ない訳には行かないのだ、というようなことを、子供の私に語ったことがある。また矢の羽は、実戦には雉子（？）のを使う。雉子の羽だと、矢がだまって飛んで来る。というような話も、その時きいた。京都蛤御門の戦闘といえば、元治元年即ち一八六四年のことであり、私がその昔話をきいたのは明治三十三年、即ち一九〇〇年であるから、仮りに先生が出陣したとき二十であったとすれば、この時は五十六、三十であったとしても、未だ六十六にしかなっていなかった訳である。しかし、当時の私の目に映じた先生は、もう衰老の人であった。流石に一たび弦に矢をつがえ、身構えて的を見るときは、別人のようにシャンとしたが、普段、道場附属の小部屋の隅で、半纏《はんてん》の背を丸くして、矢羽根の手入れをしたり、弓弦に鳴金を附けたりしているところは、全く無名の老爺にすぎなかった。

今、自分が当時の老師範と同年輩、或いは更に年長の身となって、周囲の友人知人のゴルフをしたり、飛行機で飛び廻ったりしている人々を顧みると、日本人が心身ともに著しく若くなったということを感じる。

（『新文明』昭和33年10月号）

◆コラム◆

子供と

小泉タエ

小さな石を、小さくちり紙に包んで、糸でくくる。二つ作ってそれを十センチくらいの糸でつなぐ。これでトンボが捕れると父が言った。トンボはその小さな白いものを、餌の虫と思って追いかけ、糸にからまれて落ちる。生け捕りにできるのだそうだ。糸よりも髪の毛ならなお目立たなくてよいと聞いて、私は髪を抜いた。

道具が出来上がったので父と出掛けた。近くの原に、トンボは沢山とんでいた。とび交うなかに、石をほうり上げてみた。そのまま落ちてきた。代わって父がやっても失敗。何度試みても、トンボは見向きもしない。父の子供の頃はそれで捕れたのに、

「この頃トンボはりこうになったらしいぞ」

父はがっかりしている私を連れて帰った。

狭い庭でテニスの練習をする人は少ないと思うが、父はした。相手となる壁には、青いペンキ塗りの板にも、クリーム色の漆喰《しっくい》の部分にも、球の跡がいっぱいついた。サーヴィスやスマッシングの強い球が叩きつけられる時、家はゆれた。建物に狂いが出来るといって母がそれをとめたけれど、父は聴《き》かなかった。勉強の気分転換には、何よりの運動らしかった。

ひとしきり練習すると、子供を呼んで、ラケットで打ち上げる球を受けさせるのである。球はカギの手に建つ二階の屋根と、樹々の梢に区切られた空を、真っすぐに、ほとんど見えなくなるまで上ってゆく。そして不意に球の形を見せて落ちてくる。上手に受け取れたことはなかった。もう少し低い球なら取れそうなのに、父は高く上げることを楽しんでいて、手加減を加えないのであった。

獅子文六さんの随筆で、大学生の父と仲間のテニスの選手が、少年たちのために球を打ち上げて取らせた話を読んだことがある。父が打つと、他の人の

時よりも高く球があがった、と書かれていた。少年の一人が獅子さんで、その目に映った父は、色が黒く、無愛想で、しかし繰返し高く打ち上げていたということである。

押え込みをしてみろと父が言って、畳に横たわる。姉が上半身、私が脚、手分けして押える。押えられている方が、もっとうまくやれと指図する。どうやったらよいのか考えて、力一杯押えていると、

「いいかい、ほら」

むくむくと手の下の筋肉が動き出して、父はすっと立ちあがった。

廊下で父と行き合ったら、いじめッ子がするように道をふさいで通さない。そうして、おなかを押してみろと言う。両手をつっかい棒に、からだの重みをそれへかけて、ななめになってぐんぐん押す。父は一歩も退かない。と、突然おなかがふくらんで、私は両手を父のおなかに当てたまま押し戻されてしまった。

弱いものいじめは父の嫌いなことの一つであった。大きい子が小さい子をいじめる。しかも大きい二人が組んでいる。そもそもその事件がどうして起きたか。末っ子の私の我儘《わがまま》から始まったのかも知れない。また多くの場合がそうであった。けれども父の目に入った景色は、大きい子二人が妹を泣かせているのである。

「よし、匪賊《ひぞく》を討伐してやるぞ」

父は私を肩車にのせて兄の部屋へ行く。すでに鍵をかけて、二人は閉じこもっているのである。父がノックしても扉の向こうはひっそりとしている。

「開けろ、出て来い、あやまれ」

父はノックをやめず大声で命令するので、いまいましげな顔がのぞいて、

「ゴメン」

事件はこれで一応終わる。しかし謝らされた兄と姉はもっと怒った。父という味方のある妹は一番強いものではないか。むしろ自分たちこそ理不尽に弱

いものいじめされている、と彼らは言いたげであった。母の顔にも不公平を難ずる色がある。私は私で困っていた。無理に味方してもらった味の悪さ。これからまた、「お父様がヒイキする」といって、にらまれるに違いない。

弱きをたすけ、強きをくじき、機嫌のよいのは父だけであった。

ある時父は、相撲になっていれば三役は確実だったでしょう、と言われた。元関取の言葉であったから父は大いに喜んだ。シコを踏んだり、仕切りをして母や私たちに見せ、

「どうだ、この腰のよくおりること」

などと言った。

父は兄と相撲がとりたい。ところが兄はやりたくない。負けるに決まっている上に、一度始まればなかなか解放されないからである。だから申し込まれる前に察知して、自分の部屋へ入ってしまうのだった。こうなると父の相撲欲はいよいよ盛りあがり、

「今日はお母様が相手だ」

と大声でいう。母が逃げ出す。父が追う。姉と私は父の追撃から母を守ろうと、右往左往する。この騒ぎに、母の第一の味方である兄が、助けに来ないはずがない。ドアが開いて、父の望みどおり兄はおびき寄せられた。騒ぎはたびたびのことで、私たちにも策戦とわかっているのだが、父が母を追いかける迫力には、毎回どうしても巻き込まれてしまうのだった。

「上手投げをやってみろ」、「小手投げはどうやるか」、兄は知識をためされたり、型を教えられたりする。押しは相撲の極意だから押せと言われて兄が押す。がんばって押す。少しずつ下がってゆくと見えた父は、急にぐっと力を入れるとたちまち盛り返し、

「まだ負けない」

とはずむ息の中で笑った。

（『父小泉信三』毎日新聞社　昭和43年10月）

小さき投手（二女・妙、後ろ姿は長男・信吉）

御殿山の自宅にて（長男・信吉撮影）

テニスと私

テニスと私

前に私の家の木曜会のことを書いたが、それよりも古く、また長く続いているのに、泉会と称するものがある。これはテニスメンの集まりで、それを承諾するのも好い気なものだが、泉は私の姓を取ったのである。始めは私が慶應義塾の庭球部長をしていた、大正十一年から昭和七年までの十年間に部員選手であったものの集まりということであったが、何時か範囲が拡大されて、この頃では、テニスをやったものが学校を卒業すると、この会に入るらしい。会員は幾人あるか知らないが、終戦後一度、私の家で大会のようなものを催した時には、八十人余りが放歌乱舞して、四隣を驚かした。その家は、或る私の先輩の好意に甘えて終戦後長く借りて住んでいた、今としてはかなり宏壮な洋館であったが、流石《さすが》にこの時は、家中人で身動きできない有様となり、殊に宴酣《たけなわ》の程すぎて後は、廊下にも階段の途中にも、人と人とが抱き合って、歌ったり、叫ぶが如くしゃべり合ったりするという光景を演出した。

元来運動部の先輩というものは、後輩の世話もよくするが、また中々威張る。私は在塾中七年間もテニスの選手をやり、卒業して教授となってからはその部長に選ばれ、次いで塾長になっても、凡《す》べてのスポオツに熱心な塾長であったから、自然後輩に対しては中々幅の利く先輩となった。部長もやめ、塾長もやめた現在でも、明日大切な仕合があるという前の日には、出場選手一同揃って、どうかすると、現在の部長も同道して、私の家へ「御挨拶」というものに来るのが常例のようになった。まだ政界の元老というものになったことはないが、元老の気持ちは一寸《ちょっと》こんなものではないかと想像することがある。老人が自分のスポオツ経歴を物語ると、大抵自慢話になる。この私の話も、もうそろそろなりかけて来た。

テニスが私の生涯の経歴を左右したといえば大げさであるが、或る意味ではたしかにそういえるのである。私はテニスの練習によって、すべて練習というものが、不可能を可能にするという体験を得た。また、部長として部員を率いている中に、多少自分に教育者的傾向があることを知り、教育に興味を持つようになった。そうして、選手として、部長として過ごした幾年かの間に、私にとって大切な生涯の友の幾人かを獲た。これだけのことがあれば、テニスをぬきにしては、自分の過去は語れないといっても差支えないであろう。

私は中学二年、十五の年に始めてテニスを習い、中学四年のときに慶應義塾全体の選手になり、中学五年のときは多分全慶應の第一位選手であった。運動家としての出世は速い方であった。その代り練習は譬《たと》えようもなく猛烈なものであった。一体各種スポオツの中で、一番時間を取るのはテニスの練習であろう。テニスの選手のように、午前から午後にかけて終日練習しているものは外には殆どない。柔道相撲は勿論のこと、野球でも、蹴球でも、選手の練習は大抵午後だけに限られている。ところが、テニスは昔から午前二三時間やり、また午後三四時間やる。殊に今から四十数年前の私の時代には、練習ゲエムに勝ったものはそのまま残り、相手だけが代るという仕方であり、私は間もなく誰れにも負けなくなったから、極言すると、終日コオトに出ているということになった（これは勿論誇張で、私の組も時々は負けて交代したが、他の選手に比べると数倍長く練習した）。少し自分が選手として有名になってから、幾度か夏休みに地方の中学から、名指しで呼ばれて、教えに往ったことがある。往った先き先きでは、折角東京から選手を招聘《しょうへい》したのだと思うから、先生先生と奉るのは好いが、少しでも多く練習して貰おうとする。その結果、こちらは午前も午後も殆ど休みなしに稽古をつけなければならぬことになる。私は栃木や浜松の中学に招かれて行って、午《ひる》の中休みを除き、朝九時頃から日の暮れるまで、入れ代り立ち代りかかって来る中学選手を相手に、打たされたことがある。明治四十一年、私の廿一の夏のことである。

そういう訳だから、当時練習に熱心なテニスメンは多かったが、その中でも私は最も熱心な一人であった。今から考えて見ると、中学四年頃から大学予科二年頃までの三四年間というもの、私はテニスの外には何もしていなかったように憶い出される。テニスをしないと神経衰弱になったといえば嘘のようであるが、私の場合は事実であった。或る年のこと、何かの都合で、一夏を三田のコオトから離れて、父母の故郷の和歌山で送ったことがある。私は自分が怠っているテニスのことが気になって、何事にも精神を集注することが出来ない。本を読んでも、人と話をしても、また、その夏はよく和船で紀の河へ出て櫓を漕いだが、その舟を漕ぐ間にも、何か自分は、本来自分が為すべきでないことをしているのだという気がして、何事にも興味が持てず、人から見たら、心ここに在らざるような表情をしていたことだろうと思われる。正しく神経衰弱である。

その頃水上瀧太郎は野球の有望少年で、夢中になっていた。最近、当時の野球仲間で、後に故郷に隠退した一友から、水上の古い手紙を見出したからといって、何通かを束ねて送ってくれたが、それを見ると、どれもこれも野球のことばかり書いてある。よくもこんなに書くことがあると思うほど書いてある。そうして見ると、誰れの少年時代にもこういう一時期はあるのかも知れない。水上の方は間もなく熱中から醒め、醒めると今度は反動に陥った。大学卒業前、彼れは一時與謝野夫妻の門に出入して、短歌を作ったが、その頃の作の一つに、

球なげに心慰む若うどに爪弾きさる物を思へば

というのがある。それを晶子に見せたところが、こういう歌は品下《しなくだ》れるものだといわれたと、苦笑して、私に話したことがある。今、水上全集を調べて見る遑《いとま》がないが、多分この一首は何処にも発表されていないと思う。この時彼れはすでに反動期に入っていた訳である。

私の場合、こんな激しい反動は経験しなかったが、しかしやはり大学本科に進んで、少し学問の方が面白くなりかけて来るとともに、テニスの方の熱が冷めて行ったのは奈何《いかん》ともし難いところで

あった。熱が冷めるとともに、覿面《てきめん》に技倆は低下した。私は水上が野球を棄てたようにテニスを放棄はせず、卒業するまで、兎も角もA級選手に留まってはいたが、それは大半惰性の力にすぎなかった。

学校卒業後、私はしばらくテニスに遠ざかった。その間にもロンドン留学中、有名なウィンブルドンのクラブで、世界選手ワイルディングの仕合を見て、その著書を買い、それを庭球部に送って、当時宛《あた》かも硬球への転換を決断した後輩を激励するというようなことはしたが、決して特に熱心な先輩とは見られていなかったであろう。それが数年たってまた熱を上げることになった。

水上瀧太郎は夢中であった野球から離れ、一旦退部までしたのであったが、後年は最も有力な野球部の後援者となって、少年の日の熱情を終りあらしめた。彼れの心機再転の動機は何であったか聞いていないが、私の場合は簡単で、林毅陸氏の後を承けて庭球部長に推されたのが、抑《そも》そも事の始めである。福澤先生は福翁自伝中、大阪の緒方塾塾生時代のことを回顧するところで、「安政三年の十一月ごろから塾にはいって内塾生となり、これがそもそも私の書生生活、活動のはじまりだ」と語っているが、私においても、この庭球部長になったということが「活動の始まり」であった。

学校の運動部長で熱心な人のことは、方々で聞くが、また自薦は滑稽であるが、当時の私はたしかにその一人で、もしこれ等の部長の番付を作れば、相当上の方に出されてもよかったと思う。当時選手等の目的は、対早大の対抗試合に勝つということであった。早稲田との試合に勝って、それが何になる、と言われてしまえばそれまでであるが、選手にとっては、それが人生そのものの目的であるように思われ、仕合に負けたその時は、身も世もなく、大正昭和の大学生が、とれば憂しとらねば物の数ならず捨つべきものは弓矢なりけり、の古歌を、まじめに口誦《くちずさ》んでなげくという始末であった。これはひとり庭球部に限らず、早稲田と対抗試合をする慶應義塾の運動選手は、どの部でも皆な同様であり、また相手の早稲田の選手の精神状態も同様であった。今でもそうであろう。私は当時の選手に比べて十幾つ年長であったから、本来なら、私が彼等をなだめて、まあ、そんなに思い詰めるものではない、と言わなければならないところであるが、そのいい年をした私が、完全に彼等に同感し、共鳴したから、騒ぎは大きくなった。そうして部長部員一致団結して目的達成に邁進するということになり、終《つい》にそれに成功した。

得意のフォアハンドストローク
(昭和 16 年　日吉コート)

慶應早稲田の庭球試合は、大正十三年から開始（厳密にいうと再開）されたのであるが、当時早稲田のテニスは、彼等の黄金時代にあり、誰れの目で見ても、慶應は歯が立たなかった。慶應は実に六たび戦って六たび連敗したのである。しかし、敗戦の記録はそこで終り、それ以後は（数回の散発的失敗以外は）連戦連勝して、遂に世に庭球王国慶應と称せらるるまでになった。従ってこの王国の歴史家は、この連勝に先だつ連敗を、却《かえ》って誇りとする傾きがあり、故老はしきりに六連敗ということを口にする。私は実にこの連敗の歴史が連勝の歴史に還るその転換期の部長だったのである。それは大正が昭和に変った当時の事であるから、今から数えて二十五六年、当時三十幾歳であった私は、今六十を過ぎ、当時紅顔の青年であった選手等も、今は漸《ようや》く四十の坂の半ばを越えた。そうして、逢って当時のことを語り合えば、今でも吾々は限りなく雄弁になる。ソヴィエト・ロシヤでスタアリンは、十月革命当時の同志を大抵殺してしまったから、この味は知るまいが、かの明治維新の元勲なるものの手柄話も、一寸こんなものではなかろうかと考えることがある。

私が選手を奨励したその方法は簡単で、ただ常に彼等と共に在るという一事に過ぎなかった。これを書いている今は、昭和廿六年の夏であるが今私の机上には、岩波文庫本のリカアドオ経済原論がある。これは私が二十幾年前に翻訳して出したものであるが、今読んで見ると、誤訳は兎に角、全篇いかにもぎごちなく、読みづらい。それでこのたび改訳することにしたが、私は毎ペエジ、時としては毎行の字句に筆を加えつつ、昔始めてこれを翻訳したときのことを憶い起した。今奥附を見ると、昭和三年六月五日第一刷発行としてある。翻訳の大部分はこの前年の夏休みの仕事であった。昭和二年の夏は、その春始めて早稲田に勝った選手等が、意気軒昂として、秋の仕合に備えて練習していた。私の仕事は、一方では翻訳を完成し、他方では、この練習を監督することであった。

翻訳は日々間違いなく六時間すれば、予定の期日までに仕上る計算のところまで来ていた。私は日々の日課を定めた。午前三時間机に向って働く。午に一寸休んで、一時からまたかかる。時計を机の上に置き、それが四時を示すと、センテンスの途中でも何でも構わず、ペンを措《お》いて立つ。浴室で頭から水を浴び、着物をかえて外へ出る。その頃私の家は品川の御殿山にあり、庭球部のコオトは大森にあった。即ち品川駅から省線電車に乗るのが普通であるが、景気のいい日は、八ツ山から京浜国道にタクシを飛ばせた。

コオトに着くと、選手等は大抵ゲエムを終えて、スマッシの特殊練習をしているのが常であった。スマッシは攻撃専門の技術で、その第一要件は「果敢」であるから、その特殊練習は、見ていていかにも猛練習というにふさわしい、気持ちの好いものであった。慶應庭球部のスマッシ技術は、志村彦七の出現によって一紀元を劃《かく》したといえる。彼れは今、齢い不惑を過ぎ、大重工業会社の要路に立って東奔西走する身となっているが、私は彼れが、日の暮れかかるコオトの上に、補欠選手等を督励して高く球を上げさせては、それが頭上に落ちかかるのを迎えて、猛打をくり返す青年の日の姿を、今も目の前に描くことが出来る。

やがて練習が終ると、私は選手等からその健康とその日の当りの良否をきく。そうして一緒に歩いて合宿に行く。懐の都合のいいときは、支那料理などに誘ったこともある。

こうしてその秋の試合は圧倒的のスコアで勝ち、翻訳も予定通り進行して、脱稿した。

また、こんなこともあった。大正十五年秋、対早大の試合である。これは有名な六連敗の最後の一敗となったものであるが、仕合は5―3ですでに早稲田の勝と決定し、双方の第一位選手たる相澤（早）―石井（慶）の勝負だけが、日没のため、石井にとって二セットダウン、第三セット三―三のまま翌日に持ち越された。相澤が勝っても負けても早稲田の勝は動かない。問題はただスコアが6―3となるか5―4になるか、というだけのことであった。当時石井相澤は好敵手とは見られていたが、石井はそれまで一度も相澤に勝ったことはない。しかも試合はすでに半ば以上進行して、相澤は殆ど決定的な優勢を示している。誰れも石井のために絶望したのは、当然であったろう。

然るに翌日の午後、勝負を続行すると、石井はこの絶対的のピンチからもり返して、始めて相澤を破り、仕合全体のスコアの開きを5―4と一点に縮めたのである。石井小一郎は、当時の一流選手としては、決定的な攻撃打を欠いていた。従って彼れの試合は、智術と堅忍の精神に頼るより外はない。後日私はこの日の仕合振りを記述して「石井は蟻の如く労働し、守銭奴の如く点を貯え」云々と書いたのは、今もなお正しいと自ら思う。彼れの長い球歴において、彼れが会心のものとして第一に憶い起すのは、恐らくこの一マッチであろう。

選手はこの通りとして、部長はどうしていたか。その日は月曜日で、私は講義があった。講義を終えると、私は教室からすぐ省線田町駅に駆け付け、東京駅で降りて、自動車をやとい（タクシがなくて、やや高級な車に乗ったように思うが、この記憶は確かでない）、戸塚の早稲田コオトまで走らせた。着いたのは、仕合続行開始の直前であった。四半世紀過ぎて冷静になった今日の私から見ると、この日の私の行動は、一寸普通でない。石井はすでに二セットを失って、第三セットはすでに三―三となっている。あと三ゲエム失えば、それで万事終るのである。三ゲエムをストレイトに失うには、十分間で足るであろう。そうすると、三田――田町駅――東京駅――戸塚に要する時間と費用とは、僅《わず》かに十分間の競技をもって報いられるかも分らないのである。誰れもがそれが算盤に合わないことを知っている。当時私は、十分間でも好いから、わが選手に声援しようとしたのであったか、或いは、石井が必ず頽勢を挽回して最後の勝利を贏《か》ち得ると確信したのであったか。今となっては自分にも分らない。ただ人から見たら、非常識と思うことだろうと思うのみである。

スマッシにおける志村の如くヴォレエに新紀元を開いたのが山岸成一であった。その弟がデ杯選手の二郎、父が三菱の山岸慶之助君である。この山岸君、前記石井の父の小兵衛君等は、父兄中の熱心家で、仕合のあるたび毎に仕合場で逢う。そうして「何時も御熱心なことで、結構でございますな」と、ほめるのか冷かすのか、分らぬような挨拶を交換するのが常であった。そういう仲間が外に幾人も出来た。けれども、この人々は皆な自分の息子を見に来るのだから、息子が卒業してしまうと、もう来ない。かくして先ず石井君去り、山岸君去り、その他の父兄の常連も去り（石井君は息子が卒業した後も、見に来たという弁解説も出たが、要するに暫くのことである）、何時もあとに残るのは部長の私のみであり、そうしている中に、忽ち十年という月日が過ぎた。

運動に興味のない人々、青年に興味のない人々は、何という時間の浪費をしたことだろうと思うであろう。私にはこの十年は忘れられない十年であった。しかし考えて見ると、何時か私は四十の半ばを過ぎ、そうして、外にしたいと思うこと、しなければならぬことは、山のように残っている。

別段十年以上部長をしてはならぬという規定はないが、私は、もうこの辺で一区切りつけようと思い定め、後任者を推薦して、辞任を申し出でた。その後、泉会なるものが結成されて、私が好い気になって元老顔をしていることは、始めに記した通りである。

部長をやめた翌年、私は慶應義塾の評議員会方面から塾長になれとの勧めを受けた。私は、学問は好きだが、教育は嫌いという、有り来りの easy-going な教授タイプの一人であったから、この勧めに逢って逡巡した。しかし結局意を決して引き受けた。その時心の中に憶い起したのは、運動選手と暮らした十年のことであった。数十人の運動部と一万人以上の大学校とは比較できないが、常に青年とともにいて、その一人一人の個性を尊敬し、その成長を悦び、その人々のよき先輩たることを期する一事は同じではないか。というようなことを、私は自分で自分に言いきかせた。勿論それればかりではないが、テニスの選手とともに暮らした十年の経験は、私に多少の勇気を与えたとはいい得るであろう。

その意味で、十五の年に、ほんの偶然の機会に始めたテニスというスポオツによって、私の生涯の経歴は左右されたといい得るのである。

（『新文明』昭和26年10月号）

書生料理

私は食物に興味があり、殊に七十近い歳の割りには食欲も旺んな方であるが、しかし、食物をたのしむについては、食物そのものばかりでなく、食べるときの環境が大切であるように思う。私は好きな食物を、自分ひとりで味わいたいと、あまり思わない。やはり、人と会食するたのしみの方を多く悦ぶ方であるらしい。それはほんとの食べ物好きでないといわれるかも知れないが、その通りなのかも知れない。

私は長く大学教授をつとめ、また教授時代に運動部の部長もしたので、学生と会食する機会は非常に多く、また、それをたのしんだ。ケムブリッジ、オクスフォドの教育では、会食ということに重きを措き、たしか大学を出てバチェラアになったものは、更に一年間カレッジの晩餐に連なることによってマスタアになれるのであったと思う。兎に角教室で講義をきくだけでなく、所属カレッジの食堂で、仲間のものと食事を共にするということに重きを措いている。その会食に連なったこともあるが、長年の仕来たりによる一定の法式で祈禱の言葉を言って、然る後に食事を始めるそのやり方は、印象的で、このようにして会食を続けるということは、やはり知らず識らずの間に学生に何物かを与えるであろうと思われる。

そんな例を引いて、私は学生を自宅の食事に呼んで来るのに理窟をつけたこともあるが、要するにそれはコジツケで、実際は私が若い人々を寄せ集めて、そうしていくらか自分がその中で幅を利かして、一緒に飯を食うのが好きだったというに過ぎない。

そういう学生との会食で、割りに好評を得たのは、私の家でどういう訳か魚飯《ぎよはん》と呼びならわした、汁をかけた飯である。魚飯とはいうけれども、私の家では、魚は使わない。細かい鶏肉片、線のように細く切った玉子焼、煮て刻んだ隠元、やはり刻んだ紅生姜。それを大皿に盛って出し、銘々菜箸や大匙で、なるべく多量に取って、飯にかぶせ、更にその上に焼海苔を揉んでふりかける。そうして、それに給仕人が鶏のスープをかけるのである。

先年、麻布の桜田町、今の中国大使館の並びに興津庵と称する目立たぬ料理屋があった。主人は長く興津に住んだ井上馨邸の料理人だということであった。魚飯は井上侯の好みで、この家の主人の得意の一品であったらしい。魚飯という名も、たしかここで聞いたのであったと思う。私たちは二三度食べてその味を面白く思い、真似をし始めたのである。但しこの家では、魚飯に文字通り魚や海老を使ったが、私の家では学生向きに、魚を鶏に改めたのである。もとは井上侯の好みというから、いずれ故郷の長州辺の料理でもあったろう。食べるのに、どうしても音をたてて掻っ込むことになるから、あまり上品なものとはいわれまいが、知らず識らず多量に飯を食うことになると

結婚40年のお祝いに庭球部長時代の部員たちと
（泉会主催　昭和31年12月7日）

いう点で、学生向きの食物であり、時々は、彼等の方から注文されて用意したこともあった。

私は多勢の青年が、若々しい声をはり上げて歌を歌うのを聴くのが好きである。それをきいていて、人生の春というようなことを思い、涙を催すこともある。同時に、私は青年が健康な食欲をもって物を食べるのを、見るのが好きである。魚飯は、私のこの好みを満たすに最も適した食物である。

誰れも客をするものは、客の健啖《けんたん》をよろこぶのが当然であるが、私も私の家のものも、殊にそうである。招待した客の来る日が晴天であると、妻はよろこぶ。それは好天気の日には、招待した学生の運動選手等が、日の暮れるまで練習して、ヘトヘトになって腹を空かせて来るからである。そういう日の晩餐に、幾品かを食べ了って、さて魚飯のコースに入ると、人々は自然に沈黙する。それは銘々の茶碗に、自分で、鶏肉片や、玉子焼きや、焼海苔を取ってふりかけなければならず、それをするのに、人々は自然に真剣になるからである。そうして、その茶碗を差出すと、給仕人はそれにスープをかける。それを掻き込む。食べ了ってお代りをする。この給仕が忙しくて、食べ盛りの客が十人も来れば、給仕は一人や二人では間に合わない。主人の私がまた、客の世話をする代りに、客と一緒になって掻っ込む方へ廻るから、家人の繁忙は一層、という次第になる。そうして、客の散じた後、妻と女中とは、何合とか、或いは何升とかの米を炊いて用意したが、それで漸《ようや》く間に合ったとか、それで足りなくなったとかいう話を、自分の成績かのように語り合うのである。

私の家で、はじめて客に模倣の魚飯を饗したのは、もう殆ど三十年の昔になる。その頃屢々《しばしば》私の家でそれを試みた人々は、今、多くは銀行会社または新聞社の幹部になって、毎晩のように贅沢な宴会に、人を呼んだり、呼ばれたりする身の上になっている。けれども、彼等の或るものは、学生時代に空腹を満たした食物を憶えていて、また、あの魚飯で呼んでもらいたい、ということがある。それを今食べたらどんな味がするか。やはり昔と変らないというか。それとも、なんだ、こんなものだったのか、というか。その中きいて見る機会があると思う。

(『あまカラ』昭和32年12月号)

大森時代

コオト移転の日も迫り、愈々《いよいよ》思い出多き大森コオトにも別れを告げなければならぬことになった。十年間御厄介になった日本射的協会幹部、殊に終始吾々のために心配して下すった、兒島富雄氏には如何なる言葉を尽しても感謝の意を尽す事が出来ない。吾々は永く大森の十年間を忘れないと同時に射的協会の好意を記憶するであろう。

庭球部のコオトは明治三十四年我が部創立の始めには勿論三田の山の上に設けられた。それから八、九年して三田の綱町、即ち今の普通部のある所へ動かされそれから五、六年して天現寺の寄宿舎側に移転した。更に間もなく暫らく四谷医学部敷地内に置かれたこともある。

そうして終《つい》に大正十二年の春になって射的協会の厚意によって現在の大森に落ち着き、ここに今日まで十年余りの月日を過ごすことになったのである。されば大森時代というものは、庭球部三十余年の歴史の上で、最も光彩多き時代であるのみならず、また最も長い時代を形づくっているのである。

大森コート

この十年は私にとっては楽しい十年であった。この間に庭球部が部員として選手として迎えまた送り出した人々の事は今暫らく措いて、私自身もこの十年は、部長というよりは、寧《むし》ろ幹事長か主将の助手くらいな気持で部員諸君と一所に遊んで暮らした。何かの本で、「青春の最後の一片」と云う文句を見たが、たしかに私にとっては庭球部員諸君との生活は「青春の一片」を私に齎《もたら》し返すものである。私の学生時代の生活は今ただ庭球部の生活に残っている。そこで私は最も自然に選手の言葉を遣い、また最も自然に選手の飯を食い、また最も自然に選手と共に仕合の勝負に喜憂する。大人気ないと言われれば誠に一言もない。大森の十年は私にはたしかに大人気ない年であった。

品川駅から、または田町駅から大森までの切符を買った事も何百回に上ったことか。この十年は私にとって決して閑散な十年ではなかった。塾の公務、

御殿山書斎にて（普通部以来の友人、仙波均平画伯撮影）

百般の雑用の外、読書執筆の用務が常に私に附き纏《まと》っていた。それでいて私は始終コオトに入り浸っていた。だから私は、何事によらず閑がないから出来ないという言訳に同情しない。作ろうと思えば閑は作れる。どうして作るか、一言では言えないが、兎に角、不思議に何んとかして工面するものである。大森通いで思い出すのは毎日夏季練習の監督に出掛けたことである。この数年間毎年夏休みには必ず筆債がたまっている。それを果たすには、どう計算しても毎日六、七時間は机に向わなければならぬ。一方にそれをやりつつ他方で練習を見ようと云うのだから随分骨の折れる筈だが、やって見れば何でもない事であった。毎日午前中に必ず三乃至《ないし》四時間筆を執る。午後は一時から四時まで机に向う。四時が打つと大急ぎで止めて、風呂場で水を浴びて仕度をして品川停車場に急ぐ。コオトには四時半から五時の間に着く。それから一、二時間の間練習を見て選手諸君と話をする。

この一、二時間というものが私にとって一日中の最も楽しい時間であった。自分の著述の三、四のものはこうして大森通いをしながら書いた。今読み返えして見るとその記憶が喚び起されて感慨に堪えないことがある。著述の校正などはよく朝から大森へ持って行ってした。校正に疲れると練習を見、しばらく見てはまた朱筆を執るというような事も度々やった。この点で京浜国道が完成し、円タクが廉《やす》くなったことは非常に仕合せであった。仕事が定刻に片附かない時は、時々円タクを利用した。その日一日の仕事を終えたあと、海風に吹かれながら自動車を飛ばす気持ちはまた格別なものであった。こんな風に少し遅れて駈け附けると、よく選手諸君はゲエムを終えてスマッシュの練習をやっていることがあった。若い部員にロップを上げさせては二つのコオトで休みなくたたき付ける。あれは如何にも「猛練習」と云う言葉に相応しい勇ましい光景で好きである。

十年間私も相当熱心であったが選手諸君は実によくやった。十年間の最初の三年は早慶試合で六回連敗した三年であった。この三年の苦難に堪えて、終に勝越しの成績で大森を立ちのくと云うのは、何んと云っても自慢してよいことであろう。しかし試合の勝敗よりも殊に私にとって愉快であったのは、部員諸君がよく私の気心を呑み込んでくれた事だ。十年間小言は随分度々言ったが、不快を感じた事はただの一度もない。何時かこの部報に、どうしたら先生（私）の心に適うか、どうしたら適わないか、一々きいて見ないでも、吾々にはチャンと分っていると書いていた人がある。真に知己の言である、大森の十年は私に最も親しき友人を作ってくれた。

その大森を愈々去らなければならぬ。そう思って見れば木も丘も今土手に茂る夏草も物として感慨の種ならぬものはない。低徊顧望去るに忍びないとは実にこの心を言うものであろう。或る日の午後私は別れを惜しむ心をもって大森の町を歩いて見た。練習のあとで毎日のように立寄ったそばや、食堂、喫茶店に殊に名残りが惜しまれる。十年の歳月は大森の町に幾多の変化を齎した。多くの店が亡び、また新たに興り、町の人にも変化があった。しかしその変化にも拘らず彼等は終始我が庭球部員を好遇してくれた。時々は喧嘩もしたが、その喧嘩もやがて懐しい思い出の種となるのであろう。

庭球部の歴史にも、吾々の生涯にもそれぞれ一期を劃《かく》した大森時代はこれで終った。吾々は更に努力して日吉時代を建設しなければならぬ。

（「慶應義塾庭球部部報」昭和8年第13号）

庭球部と私

僕は学生時代庭球部の選手であり、後にその部長であったことを名誉と心得ている。殊に庭球部が塾の体育会で対戦成績の最も優秀な部の一つと認められているとき、故郷を誇るような気持ちを抱いている。

ひとり名誉であるのみならず、僕はテニスの選手たることによって僕の一生にとって大きな宝を得たと考えている。それは何か。

僕はテニスの選手たることによって努力ということを知った。元来僕は少年のときなまけ者というほどではないが、骨を折って一つの事を成し遂げるという辛抱心が乏しかった。仕事がウマク行かないとイヤになるという方の人間であった。ところがテニスの選手になって見ると、そんな事はいっていられない。凡《す》べてスポーツは何一つとして怠けていて出来るものはないけれど、テニスは最も持続的な努力を必要とするゲームである。その代りまた、忍耐して努力をつづけていれば何時の間にか、形勢が好転して、自分も気がつかない中に勝っているという面白味のあるスポーツである。この非境においても落胆しないという体験は、僕としては知らず知らずテニスによって養い得たように思っている。今だって僕は普通以上に忍耐力があるとはいえないが、しかし、僕がテニスをやっていなかったら、もっと気の短い、動揺し易い人間になっていたことだろうと思う。これがテニスの選手たることによって僕の獲得し得た資産である。

次に部長としての体験は何を与えたかというと、これによって僕は、人間、殊に青年に対する興味を深くすることが出来たと思う。部長として部員や選手と親しく交って見ると、人にはそれぞれ特色があり、その特色ある青年がそれぞれに成長して行くことが分る。これを見ることは少し形容していうと、花壇に花を作る人が色とりどりの花が咲き出でるのを眺めるのと同じ喜びを与えてくれる。私が部長をした十年の間、またそれ以後先輩として接触した庭球部の人々から様々の人物が世に送られ、その或るものは今の日本の社会で重要な位置に就かんとしている。

かく人才を知り人才に興味を持つということは教育者にとって何よりも大切な事であるが、僕は憚るところなく、自分は青年に興味を持つ人間だと言うことが出来ると自信している。そうしてそれは庭球部長をしたおかげであったと自分で思っている。

庭球部長を十年やってやめたあと僕は慶應義塾の塾長に選ばれた。僕は校長などというものは自分には出来ないと思ったが、また考え直して塾も庭球部の大きなものと思えばよいのだろうと考えてお引き受けすることにした。僕に庭球部長の経験がなかったら、塾長も引き受けられなかったことであろう。

だから私はテニスの選手であったこと、また庭球部長であったことを、自分の生涯の仕合せと思っているのである。この事は先年一度書いたことがあるが、今の庭球部の人は読んではいないだろうと思うから同じ事を再び書いて見た次第である。

（「慶應義塾庭球部部報」昭和40年第48号）

凡失をなくせ

昔、有名なティルデンの書いた本を読んで感じたことがある。ティルデンはそこで統計を示して、テニスのゲームはいかに凡失が多いかを示していた。たしか凡失を一〇％少なくすることが出来れば、スコアはどれほどちがうというようなことがそこに書いてあったと記憶する。

これは今でも忘れてはならぬ教訓であると思う。今日のゲームでもスコアをつけて見れば分る筈だが、凡失というものが往々スコアを左右しているのである。

そこで凡失とは何か、ということになる。凡失とは不必要な、無意味な失点である。しないでもすむ、不注意のエラーである。その最も甚だしいのはダブルフォルトだが、サーヴ以外にも不必要な失点は無数にある。スマッシを失敗する。パッシングを失敗する。むずかしい球を打ち損じるというなら、これは言い訳もできるが、当然返せる球をエラーしている場合が意外に多いのである。このような無意味の失点を重ねるということは、要するに不注意の罪だが、昨今のテニスを見ていると、この不注意の失点が多すぎるように思う。テニスは見るよりも自分でするのが面白いゲームだから、ツイその面白さにまぎれて、無意味に球を打ち合うことになり易い。社交のためのテニスならそれでもよかろうが、学校や国を代表して勝負を争うという場合には、そんなことでは責任は果たせない。塾の庭球部あたりからまず考えてもらいたいものである。

それにつけても、またいいたくなるのは、もっと第一サーヴを入れることは出来ないか、ということである。シングルスでも、殊にダブルスでは、第一サーヴを入れると入れないとでは非常なちがいであるのに、なぜ入れないのか。何度もいうことだが、サーヴは返球ではない。全く自分の択《えら》んだ位置から、自分の択んだ高さの球を上げて、自分の好きな強さで打ってよいのである。そうしてネットの高さも、サーヴィスボックスの広さも、規則で定まっていてレシーヴァーの勝手に動かすことは出来ないようになっている。ベースラインからネットまでの距離が約四〇フィート（ベースラインのセンターマークからネットのセンターまで三九フィート）そのネットの向う側は長さ二一フィート幅一三フィート六インチの面積がある。これがサーヴィスボックスだ。この近距離で、この広い地面に球が落とせないとは何事であろう。野球の投手はプレートから六〇フィート六インチの距離の先きで、幅僅《わず》か一七インチのホームベースの上を通過するよう球を投げなければならぬ。それを思えば易しさは比較にならぬ。それでなおフォルトをするとか、更に甚だしきはダブルフォルトをするかといえば、フォルトが好きでするのかときさたくなる。嘗《かつ》て塾の或る選手のデ杯仕合のスコアを見ると、あまりにもダブルフォルトが多いので、「君はサーヴを入れるのが嫌いなのか」ときいたことがある。「嫌いではない」という返事だったが、実に受け取り難い話だと思った。当

明治39年5月5日撮影　写真裏面には「明治卅九年五月五日　早稲田に敗れし紀念なり。今日を経る事既に幾十日なりと虽綿々の恨何ぞ盡きん　五月二十三日　小泉信三誌す」とある。最後列向かって左から3人目が小泉信三。

分サーヴに球を二つ持たず、始めから一つ持って練習するくらいのことをやって見たらどうであろう。

兎に角今庭球部はやや不況なのだから、この際特に努力することが願わしい。主将以下諸君の奮発を期待する。

（「慶應義塾庭球部部報」昭和38年第47号）

諸君の番

庭球部はとうとう十年勝ちつづけた早稲田に負けた。選手部員諸君の遺憾は十分察しているが、すんだことは仕方がない。これから出直すより外はないのである。

一体十年連勝ということが記録以上の記録で、無限に勝ちつづけるということが出来ない以上は何時かは負けなければならないのである。それが今年であったことが諸君のためには気の毒だが、しかし、善く勝つことが立派であると共に、善く敗れることも立派である。英語で hard fighter であれ、且つ good loser であれという。諸君にそれを望みたい。

早稲田との対校試合は昔、僕が庭球部員であったときに始めたものであるが、始めると負けつづけ、三年続けて六連敗し、七回目から勝ちつづけ、折々負けてまた勝ちつづけ、遂に五十勝の記録をのこしたのであるが、私は勿論勝つのは大好きであるが、しかし、負けたあとに勝つその気持ちはまた何ともいわれない。私は十分それを味わった。そうして諸君にその喜びを味わわせたいものと期待している。

今春の試合を見たが、残念ながら塾の力は足りなかった。強いのに負けたのではなく、弱いから負けたのである。諸君は十分このことを知らなければならぬ。そうして知って出直さなければならぬ。見ていると、軽率な失点が実に多い。これは互いに注意し合うべきだろう。サーヴィスの無意味なフォルトは殊にひどい。それは日本人全体の欠点で、デ杯選手のインドにおける失敗もその何分の一かはこのフォルトの過多によるものであったという。塾の庭球部で、フォルト皆無の運動を起したらどうだろうか。サーヴィスは自分のえらんだ位置から、自分の投げ上げた球を打つのだから一〇〇%入らなければならない筈である。それが出来ないのは、ストライクの投げられない投手のようなもので、始めから落第である。

私は庭球部の諸君が美事に立ち直ることを期待している。諸君の先輩は立派にこれをやった。今度は諸君の番である。

（「慶應義塾庭球部部報」昭和36年第45号）

奮起を望む

庭球部は男子女子ともに早慶戦に勝ちまた古林が優勝し、まずまず好成績をもって年を終えた。けれども、日本のテニス及び日本のテニスにおける塾の責任ということを考えると、まだまだ物足りない。今は部員選手の一大奮発を要するときと思う。熊谷、原田、山岸、西村のことはいうまでもなく、先年塾が庭球王国と称せられた頃には日本のランキングプレーヤーのベストテンの半ばを塾の現役選手が占めたというような時代もあり、それを思えば現在の選手はまだまだ勉強が足らぬといわれても仕方がない。ひとり塾の選手のみでなく、日本の選手全体の水準は戦後下がりつつあるのではないかと、私は憂える。藤倉、隈丸時代から加茂、宮城時代、加茂、宮城時代から石黒時代と考えてみると全体としての水準は上昇か、平行か、下降か、といえば、残念ながら私は下降だと思う。その原因は何処にあるかといえば、日本のテニス界全体の責任に相違ないけれども、選手先《ま》ずこれを自分の責任と感ずることが第一で、間違ってもこれを他人のせいにしてはならぬ。塾の練習も、デ杯選手の練習も、私は見に行ったが、決して申し分ないとはいい難い。避け得べき同じエラーをくり返しても、誰れも注意するものもなく、サーヴィスフォルトの球がコートの内にころがっているのに、不精して、取りのけもせず、そのまま練習をつづけているような光景もだらけた練習という印象を与えはしないかと案じられる。基本体操や準備運動のランニングなどはやっているのかいないのか。キャプテンを始め古参の選手部員はよくよく後進者に注意すべきである。二十年前には、同じ素質のプレーヤーが塾の庭球部に入れば、他のいずれの大学庭球部に入部したよりも少なくも一〇％は強くして見せると人々は豪語したものであった。つまりそれだけ慶應庭球部の練習はきびしかったのであるが、この伝統の部風はいまもよく維持されているか否か。練習の際の服装なども十分注意して苟《いやしく》も惰容を示すことのないようにしてもらいたい。コート、クラブハウスの清掃、破損用具の修理などは庭球部精神の表現として何処までも怠りなきよう万全を期せられたいものである。僕も庭球部出身者の一人として、気のついたことは何時でもいうつもりであるが、選手部員諸君も日本のテニス全体の奮起のさきがけをするくらいのつもりで一奮発してもらいたいものである。

（「慶應義塾庭球部部報」昭和41年第49号）

註文二条

テニスの選手は概して礼儀正しく滅多に審判に苦情を附けたりなどしないのは気持がよいが、それでもなお二、三仕合の感興を殺《そ》ぐような弊習がある。

一般に時刻が厳守せられず仕合の進行にダラダラ時間を要することはその第一に挙ぐべきものである。大切なトオナメントでも、仕合が予定の時刻に開始されないことは少しも珍らしくないのだから閉口だ。驚いた事には、早慶仕合というような最も大切な最も厳粛であるべき仕合でも定刻開始が往々励行せられない。何時かの春の仕合に早大の選手は定刻になって漸《ようや》く荷物をかついで大森コオトへ乗込んで来た。見物の某氏が実にあきれたものだと云った。まさか塾の選手にこんな事は無かろうと思っていると、やはり駄目だ。同じ年の秋であったか塾方の遅参のために僅《わず》かではあったが開始が遅れた事がある。こんな風にグズグズしていて、それでも漸く人数が揃ったと思うとこれからゆるゆる記念撮影などをする。幸いに幾人かの審判員が部署に着いてさて出場選手が登場してくれたと思うと今度はまた改めてウォオムアップと来る。これでは見物にじりじり腹を立ててくれと言わないばかりの仕打ちである。私はコオトに上ってから「もう一つ」「もう一つ」と打ち試みている選手を見ると試験場へ来てまで未練らしくノオトを取り出して見ている受験生のしみったれさ加減が聯想《れんそう》されて、どうも好感を持つ訳に行かない。死んだ伊勢濱という力士は、一たん土俵に上ると勝負がつくまでは決して下りず、相手が水を飲んだり鼻をかんだりするのを悠然として土俵の上で待っていた。この潔よい態度には常々感心させられたものだが、テニスの選手も同様にありたい。五セットマッチならば本来仕合コオトではウォオムアップなしにサァヴィスを始めて然るべきであろう。愈々《いよいよ》ゲームが開始されてからもその進行が甚だ遅い。チェンヂコオトの時などは何をはき違えたのかと言いたくなるくらい万事動作が悠長である。野球仕合のチェンヂの時に九人の選手が一時にサッと散るように駆け出して部署に着くあの清々しさは何処にも見られない。これでもなお最近米国職業選手と比べて見て、日本選手の動作は緩慢だと非難されているのだ。そういうスピイド尊重の時代にテニスの仕合ばかりが今の有様で、これで何時までも世間が承知するものだろうか。私は深くそれを疑う。仕合は見物人のための仕合ではないなどと云う理窟は大学予科生あたりに言うべき事で広い世間には通用しない。約束の時刻を厳守せぬこと、動作の活潑敏速を欠くこと、態々《わざわざ》見物に来ている人の迷惑を推察せぬことの善し悪しは唯だ礼儀の常識だけで分ることである。テニスメンは先ずこの普通の礼儀を守らねばならぬ。

仕合の進行がこの通り緩慢であるところへまた見物人に行儀の悪いのがある。野球やラグビイとはゲエムの性質が違うからテニスの仕合は佳境に入れば周囲はしんとして、ただ球の外には物音はしなくなる。もし選手に好意を表し、仕合の感興を傷けまいとすればラリイの続くその間はそれこそしわぶきの声も遠慮して貰いたいところである。ところが心無き人々はこの静かな周囲の中で無用の事をしゃべり続ける。私の見るところで一番行儀の悪るいのは女学生と女学生上りとである。この連中はテニスの仕合場を園遊会場くらいに心得ているのか、ろくに仕合は見ないで、しゃべってばかりいる。しかも成るべく周囲の人の注意を引かんとするかのように高声で喋舌《しゃべ》る。きいていると話題は学校の事、衣物の事、映画の事、人の噂、而して稀れに目前に行われているテニスの事である。生憎《あいにく》この手合を摘まみ出してくれる勇者もなさそうだから、近頃は成るべくこの連中の近所に座席を占めない算段をしている。

私が避けて座を占めるものはまだこの外にもある。それは自らテニス通をもって任ずるトオナメントの地廻りである。この連中は流石《さすが》にテニスの事を喋舌る一点において女学生及び女学生上りに優っている。しかし五月蠅《うるさ》い事、喧ましい事においては少しも変りがない。否な利いた風な事を言うだけ此方《こっち》が不愉快かも知れない。この連中は自らテニス通をもって任じているから、少しも選手を尊敬しない。選手を理解しようとしないで先ず批評をする。それもコオトの上をろくに見ないで批評ばかりしている。しかも周囲の人のみならず選手その人にも聞えよがしに何か言う。時には無遠慮に哄笑したりする。苟《いやしく》も自分で仕合に出た経験のある者なら、忘れてもこんな事は出来ない筈であるがそれを敢えてするのは、反省力が人並外れて鈍いか、誇示慾が人並以上に強いかのためであろう。一々ここに指名はしないが心当りのある人は、自他のため今後気を付けて頂きたい。嘗て或る仕合の見物中、五月蠅いテニス通の一人があまり喋舌り続けるので「プレヤアの邪魔になるから静かにし給え」と云ったところが「誠に済まなかった」とあやまるかと思いの外、その人は不平そうにふくれて黙ってしまった。誠に度し難しである。庭球部の諸君はよくこれを心得ているから早慶仕合などを見に行くと、十余人の一団がその真中に空席を設けて私を迎えてくれるのは有難い。周囲には五月蠅き人々も尠《すく》ない。

こうして気の合った趣味の合った仲間と真面目に敵味方の技術を鑑賞し、殊に味方の健闘を喜ぶことは私にとって最も愉快なる瞬間である。この愉快なる瞬間は今までに度々くり返して来た。今後も幾度となくくり返すであろう。

（「慶應義塾庭球部部報」昭和7年第11号）

ウィンブルドン

去年ロンドンで、ウィンブルドンの仕合を見たことは、文藝春秋に連載している私の日記にも書いた。昔、留学生としていたときにも見に往ったが、あれは一九一三年のことだから、正しく四十年ぶりという訳だ。

あまり細かいことは書けないが、クラブの施設は一変の観があり、見違えるように立派になった。昔は中央コオトに、あんな豪華なカヴァアド・スタンドはなかったように思う。昔も見物は多かったが、今日とは比較にならぬ。指定席で見るというのは大変な特権らしく、大抵の人は諦めている。

私はロンドンの日本大使館で、大変な世話になり、私の方から何一つ申し出でぬ先きに、必要なものは凡《す》べて用意されるというような歓待を受けたが、ウィンブルドンだけは別であった。或る日何かの序でに、その人自身もテニスプレイヤアであるA公使に、一度ウィンブルドンは見られないものでしょうかというと、A公使は「さあ」といって考えている。これは悪いことを依頼したと思って、大急ぎで撤回しようとしたが、公使は「やって見ますからお任せ下さい」といい、結局庭球界に顔の利く某貴婦人の尽力で、見ることが出来たのは、文藝春秋に書いた通りである。

人にいわれて気をつけて見ると、その頃の『タイムス』の広告面のPersonalという欄には、毎日数件ウィンブルドンの切符のことが出ている。何月何日の切符を譲り受けたいが、申し出ではないかとか、自分は何月何日の切符を持っているが、それを何月何日の分と交換してくれる人はないか電話何番へ申入れてくれ、というような類である。切符のないものは当日行列を作って買う。それがそれこそ長蛇をなす。これは中央コオトのことであるが、サイドコオトの入場が、これが相当むずかしく、多くの人はこれでも結構満足しているようである。

僕が見に行った日は、エジプトのドロブニイとアメリカのパッティとが、四時間半九十三ゲエムという長仕合をして、午後九時にようやくドロブニイの勝となった。私は晩餐に招かれていたので、已むなく六時に席を立ったが、その頃はまだスタンド外に、行列が蜿蜒として続いていた。北緯五十度のロンドンは日が長く、それに夏時間のことでもあるが、それにしても午後六時からテニス見に押し寄せるという光景は珍らしいと思った。

こんな次第だから、ウィンブルドンのトオナメント中はテニスが何処へ行っても話題となる。殊にドロブニイ、パッティの長仕合は、マラソンゲエムとして人々の話題となり、人に招かれた席などで、僕はその仕合を見たというと、人々は珍らしがって、どうだった、どうだったときかれたものである。去年のウィンブルドンの初日は六月二十二日であったが、丁度その日が妻の英語の稽古日で、D夫人という先生が、ホテルの部屋に入って来ると、「お早ようございます。ウィンブルドンの初日も好いお天気で結構でございますね」といった。夫人は僕が昔テニスをやったということは知る筈もない。それでは自分がやるのかというと、そうではない。この通りテニスに縁のない人が、その日の挨拶にウィンブルドンを持ち出すほどそれほどウィンブルドンの仕合というものが、イギリスの国民的行事のようになっているのである。日本で比較したらどのくらいのことに相当するか。これほど人々の関心を持つ行事というものがちょっと頭に浮かんで来ない。もっともイギリス人はスポオツ好きだから、これはテニスには限らず、ダアビイの競馬の日でも、ヘンレエの競漕の日でも、人々は同様の挨拶をするかも知れぬ。多分するだろうが、兎に角、ウィンブルドンにこれだけ関心を持っていることは事実である。或る日の或る新聞には、テニスの記事と評論と写真と漫画が、四カ所に出ていた。いかに人々が興味を持っているかが分かる。

そんならイギリスのテニスは今強いかというと、御承知の通り弱い。ウィンブルドンでも、イギリスの選手は大抵始めの方で敗退してしまい、ファイナル、セミ、クォタアは皆外国選手によって争われる。それでも人々が大騒ぎするのは面白いと思った。無論英国選手の不振を慨嘆するものはある。例えば、オウスチンと共にデ杯を英国に獲得し保持したペリイの如きは、新聞に評論を書き、英国選手の練習のしかたが不熱心だと非難していた。女の中には、アメリカ人とイギリス人は今のところ食物が違うから仕方がない、もっと英国青年にビフテキを食べさせなければだめだなどというものもあった。半分は冗談で、半分はまじめである。

（「慶應義塾庭球部部報」昭和29年7月第38号）

軟球への郷愁

私は軟球の出身だから、軟球への郷愁を抱いている。単に郷愁を抱くばかりでなく、私は軟球の持つ独特の長所を知っているつもりである。熊谷一彌も、清水善造も、原田武一も、佐藤次郎も、西村秀雄も、みな軟球出身である。そうして彼等はあれだけの戦績をのこした。

それは偶然か。否な、決して、である。

軟球は軟くて軽いから、ただ相手の球勢を利用して、軽くあてて返すというわけには行かぬ。必ず身構えて十分に打ち、そうして十分にフォロースルーしなければならぬ。これが軟球選手に、硬球選手の知らない或るものを与えると思う。

また、軟球は硬球より飛び方が遅いから、当然人は、あきらめずに球を追う。この習性が、人をねばり強くさせる。今から四十年ほど前、有名なウィリアム・ティルデンが始めて書いたテニスの本の中で、わが熊谷、清水を評して、二人はともに驚くべくよく球を拾う人（wonderful courtcoverers）だといった。この評は私の意を得たものであったが、このことは、彼等二人が軟球出身者であったことと無関係でないと思う。

日本の大学庭球部が硬球を採用したのは、一九一三年慶應庭球部がそれに踏み切ったときに始まる。その時部内において、軟球の名手はこの転換に躊躇《ちゅうちょ》したと伝えられている。しかし、やって見れば、軟球の第一人者熊谷は、やはり硬球の第一人者であった。

このことは、多くの教訓を与える。今日日本の軟球名手の中に硬球の名手として世界の舞台にのり出し得べき素質の人がひそんでおり得ると私は思うのである。

今日日本のテニスの国際的戦績は明らかに不振である。私は過去を思う。一九二一年、わが熊谷、清水のティームは始めてデ杯試合に出場してインドを破り、アンダーソン、パターソンの両巨星を擁する濠洲チームを破り、遂に優勝国アメリカに迫ってこれと、ニューヨーク市郊外フォレストヒルのコートに相見えることになった。この日、熊谷は枯草病（ヘイ・ヒーヴァー）のために進退意の如くならず、清水は巨豪ウィリアム・ティルデンを、あと二ポインツという窮地まで追いつめながら、脚に痙攣を起こして長蛇を逸したのは、真に千秋の恨事であったが、そのとき世界のテニスマンというテニスマンが夢に見るデヴィス寄贈の大銀杯は、コートの傍らに安置されて、勝者ティームに授与されるのを待っていた。憾むべし、清水・熊谷はほとんどそれに手を触れて、これを逸したのである。

越えて三年、一九二四年、新興のフランスティームはティルデン、ジョンストンを擁するアメリカを破って、優勝杯を海を越えてヨーロッパへ持ち去った。しかしそれに先だつ幾日、日本のデ杯ティームの原田武一は、アメリカを破った、そのラコスト、コシエをデ杯試合でアメリカの地で連破したのである。

それから殆ど四十年、熊谷・清水・原田等の勇戦の話は、フィリッピンに苦戦し、インドに敗れる今の選手たちには、世をへだてたお伽話の如くきかれるかも知れぬ。しかし、それは厳然たる事実である。そうしてそれは、今吾々庭球人の憶い起こさなければならぬ事実である。

国際試合の不振はさしあたり硬球テニスの不振である。しかし、日本対外国ということを思えば、硬球も軟球もない。それは日本のテニスそのものの不振として受け取らなければならぬ。硬球の好きなものは硬球を、軟球の好きなものは軟球を打つのに、誰れに、何の遠慮もあるべきではない。けれども、もしも数多くの軟球選手の中に、嘗《かつ》ての熊谷・清水、更にまた原田・佐藤に比すべき素質の人材を見出し得た場合、日本テニスの栄辱のために軟球人は快よくそれを推し、硬球人は快よくそれを容れるべきではないか。

日本の庭球人は恐らくすでにそのことを考えているであろう。私はただ熊谷・清水・原田等の勇戦の当時を知るものの一人としてただ感ずるままをいうものである。

（「慶應義塾軟式庭球部部報」昭和37年7月第10号）

日本のテニスの昨今

スポーツはいろいろのものに興味を持っているが、私としては学生時代から一番関係の深く、また長いのはテニスである。ところが、その日本のテニスなるものが昨今はなはだふるわない。世界選手権どころではない。アジアの片隅で、フィリピンに勝ったり負けたりがようやくという有様である。

思い起こせば、遠く一九二一年、熊谷一彌、清水善造、柏尾誠一郎（先日亡くなった）の三人からなる日本最初のデ杯チームは米国各地に転戦してインドを破り、濠洲を破り、ついに優勝国アメリカと決戦することになった。九月一日両国チームはロングアイランドのフォレストヒルスのコートで戦った。この試合、わが清水は、テニスの歴史にのこる強豪ウィリアム・チルデンを圧迫してまず二セットを連取し、第三セット、5―4とリードし、そして第十ゲーム30オール（あるいはジュース）と、最後の二点差にまで追いつめて、米人観衆の色を失わせたが、惜しくも功ならず、一方熊谷は、枯草熱と称する季節病のため意気上がらず、翌日と合わせて、結局日本は5―0で敗れ去ったのであったけれども、音にきく、銀製美麗のデビス・カップは、その日の勝利国に授与されるため、コートのかたわらに安置され、試合はその賞杯を前にして行われたのである。すなわち、わがデ杯チームは、世界争覇の舞台に登場したその最初の年に、すでにデビス・カップに手を触れるばかりに近づいて、惜しくもこれを逸したという次第であった。

当時テニス関係者たるわれわれは、いわば東京からアメリカの空をながめて、つぎの電報を待ちかねるという有様であった。私たちはもちろん、清水、熊谷の非凡を承知していたけれども（熊谷は全米第三位にランクされ、清水はウィンブルドンの決勝試合にチルデンをおびやかす）彼等がテニスの教科書にも載っているアンダーソンやホークスを擁する濠洲チームを打ち破って優勝国アメリカと決戦をいどんだことはおどろきであった。幾分の冗談を交えてではあったが、デビス・カップは日本へくるかもしれないぞ、というものもあったのである。時の日本の庭球協会――日本最初の庭球協会会長――朝吹常吉は三越の常務取締役であったが、デビス・カップが日本へ来たらどうしようと案じ、まず一週間三越で公衆の展覧に供して、そのあとは翌年の試合まで、すぐ隣りの日本銀行に保管を託することを、ひそかに考えたと伝えられる。

この年のその心配は無用になった。しかし、清水、熊谷らは、優勝国挑戦という名誉のほかに、実質的なみやげ物も携えて帰った。すなわちアメリカの庭球協会から託せられて入場料収益の半額を携え帰ったのである。その金額は、二万ドルであったと記憶する。これが日本庭球協会の基金となり、その後久しい間、協会はデ杯選手海外派遣の費用には苦労しないですむことになった。

これが日本として最初のデ杯試合参加であり、それはどんな標準で測っても成功といわなければならぬものであった。もちろん熊谷、清水自身は、この成功に酔うにはあまりにもよく勝負というもののきびしさを知っていた。けれども、世間の一部には楽観的ムードが流れ、日本として、最初の世界選手権を獲得するスポーツ種目はテニスだろう、というものがあったのは事実である。

ところが、そういうわけにはなかなか行かない。デビス・カップを目の前において勝負するということは、日本チームとしては一九二一年が最初であって、そうして今日までのところそれが最後である。そのとき以来四十余年、日本はほとんど年々デ杯試合に参加しながら、日本の選手でデ杯をコートで見て試合したものは一人もないのである。このことは清水、熊谷の記録がいかに偉大なものであったかを、いまさらの如く思わせる。けれども、それなら、清水、熊谷以後日本のテニスは人物を出していないかといえば、決してそうではない。日本の選手は、まだいくつかの記録して誇るべき戦績をあげているのである。

一九二七年という年は、デ杯がアメリカからフランスに持ち去られた年である。それを持ち去ったものは、アレキサンドル・デュマの武勇伝小説にちなんで、世に「フランス三銃士」と呼ばれたラコスト、コシエ、ブルニョン（あるいはボロトラ）であった。デ杯が大西洋を越えてヨーロッパ大陸に移ったことは、テニスの歴史では一つの劃期的《かっきてき》事件であり、それはコシエが愛用した腕の短いポロシャツとともに、一つのフランス・スタイルを世界のテニスに導入した。

けれども記憶しなければならぬ。その三銃士のなかの二人――ラコスト、コシエ――は、アメリカからデ杯を勝ちとる前年に、日本との試合において、わが原田武一に敗れているのである。このとき、日本のデ杯選手として対仏試合に出場したものは原田武一と俵積雄であった。日本チームはこれよりさき、メキシコ、フィリピンを破った後、八月二十六日から三日間フォレストヒルスでフランス・チームと相まみえた。俵は不幸にして2敗――ダブルスも敗れたけれど、原田のシングルスに関する限り、彼れは二戦して2勝した。そうして彼れに敗れたコシエ、ラコストは一時全世界の王者であったから、原田のこの記録は日本のために燦として輝くといっても過言でない。彼れがこの年、米国の第三位にランクされたことは当然として、人のうなずくところであろう。

原田のあとに佐藤次郎がある。佐藤もまたついにデ杯を目前にして戦うことはできなかったが、しかし、彼れの実力が外国遠征ごとに上達し、ついにデ杯をフランスから英国に奪い去ったそのペリーとオースチンを一九三三年度の試合に破って、その年のマイヤーの番付に、クロフォード(濠)ペリー(英)に次いで、世界の第三位にランクされたことは、日本のテニスを語るものの忘れてはならぬところである。彼れは突然不慮の死を遂げたが、もし彼れに仮するに齢《よわい》をもってし、一方、彼れにつづいた山岸二郎が、後日示したような完成の域に達するのを待ち、二者相携えてデ杯試合に臨むことができたなら、天下のことといまだもって知るべからずという感を私はいだく。もちろん軽々の論断はできないが、かつて清水、熊谷がしたように、この佐藤、山岸のチームなら、あるいは時の優勝国に挑戦することも、できたのではなかろうかと、ひそかに私は空想するのである。

山岸二郎についていては、ただ一言する。全盛期の彼れは、技術的にテニスの最高水準を示すものであり、戦前来日のドイツ選手フォン・クラムと彼れとのシングルスは、真に日本のテニス・ファンを酔わしめた。彼れがついにある時期毎戦敵なく「庭球界の双葉山」と称せられたのは誇るべき記録である。

銀婚祝賀記念のテニス大会にて
（昭和16年12月7日　日吉テニスコート）

以上が日本のテニスの昨日と一昨日である。しからば今日はどうか。残念ながら明らかに見劣りがする。戦後についていえば、一時隈丸次郎の時代があり、次いで宮城、加茂が立ち、今はさらに石黒その他がそれにつづこうとしている。けれども、公平にみて、隈丸―宮城、加茂―石黒が上昇線を示すとはだれにもいえない。この線が水平であるといっても、それは寛大な評価であろう。ゆえに今の選手などに、よほどの覚悟と奮発をしてもらわなければならぬ実情がある。

なぜ、日本のテニスの実力が低下したか。それはいろいろに説明される。けれども、簡単にいえば、勉強がたりない、ということに帰する。私は現役選手の主なるものとは個人的にごく親しいから、実ははなはだいいにくいけれども、本当のことをいわなければ話は通じない。練習において、研究において、また辛抱において、彼等の勉強はまだ足りない。少なくも彼等の先輩であった前記の五人等にくらべては、明らかに足りない。これらの大選手といえども、何も格別の好条件に恵まれたわけではない。清水善造のごときは、むしろ日本人としては平均以下の体格の持ち主であった。しかも彼等があれだけの偉績をあげたのは、ただ彼等の異常に真剣な努力のたまものにほかならぬのである。天才とは異常の努力をなし得る人々だという言葉が正しいなら、その意味において彼等は天才であった。そうして今の選手等が学ばなければならないのはこの一事である。熊谷や清水や原田は、今の人々にとっては古代史上の人物であるから、その練習ぶり、試合ぶりは親しく見るべくもないが、もっと若い佐藤次郎が冬季中もランニングをつづけて脚をきたえたり、山岸が「庭球界の双葉山」と称せられたのも、常にくふうにくふうを重ねて、その技術の上達をすこしでも心がけたような事実は、聞きおよんで知っていなければならぬはずである。熊谷以下の大選手（佐藤一人を除くほか）は今日みな健在である。彼等は果たして今の日本のテニスをどうみているか。彼等は彼等自身の記録があまりにも立派であるだけに、かえって遠慮して現役選手を批判することを好まないかも知れぬ。しかし、本心の底をたしかめれば、彼等もまた私たちと同じ物足らなさを感じていることと思う。

元来、日本国民は生産技術においても、スポーツにおいても、別してきびしい練習をとうとび、それが国民としての一大長所であったのであるが、敗戦とともに、一つの反動が来て、すべて練習や規律をやかましくいうことは封建的で、安逸や気ままに寛大であることが即ち民主的だというふうの考え方が起こり、そうして、だれも楽をする方が楽だし、封建的といわれて喜ぶ物好きはいないわけだから、自然練習の励行をやかましくいうものが少なくなった。

近年、日本のスポーツの成績不振の事実は、このような「民主的弛緩」に帰すべきものがあり、テニスもその一つであるように私は見ている。日本庭球協会が新たにこの辺に意を用いて、選抜選手の覚悟を強め、その発奮を促がす方法を講ずる上に遺憾なきことを切に願っている。

なお、日本のテニスが一つの鋳型にはまったものとならず、熊谷、清水、原田、佐藤、山岸などのテニスがそうであったように、人々の個性の強く現われたものであってほしいと思うが、それについてはもっと現在の専門家の説をきかなければならぬ。

(「慶應義塾庭球部部報」昭和38年第47号)

デ杯試合第三日

四月廿三日、田園コロシアムにおける対フィリッピン試合の、シングルス二敗、ダブルス一勝の後を受けた第三日の単試合。

この日、最初出場のわが宮城の出来は、彼れとしては上乗のものではなかったが、兎も角もセット2—1とリイドして、十分間の休憩となった。

私は、前日及び前々日と同じく、貴賓席の一隅で見ていたのであったが、右手の方の指定席スタンドから立ち上る背広姿の人を見れば、それはこの次ぎにわが石黒と当るべきデイロであった。彼れは出場の用意のためであろう、座席をはなれて降りて行ったが、私にむしろ意外であったのは、彼れの顔に弱々しい苦笑の表情を見たことであった。一般テニス界の評価からいえば、石黒はデイロの敵ではない。デイロとしてこの後進選手を片附けるのは易々たる業だと見るのが、テニス界の常識である。然るに、この弱々しい表情は何であろう。デイロほどの歴戦の選手でもなお、全ティームの勝敗が自分の肩にかかるのは辛らいことなのか。やはり自分の出場以前に、すでに勝敗の決している心易さを願うのであるか。一瞬、そんな疑問が私の心を掠《かす》めて過ぎた。

十分間の休憩後、宮城、ホセの試合は意外にもつれて、2―2のフルセットゲームとなり、漸《よう》やくのことで宮城の勝となった。そうして、デイロ、石黒の決戦が行われることになった。人々はこの決戦を見る心の用意をするためかのように、一時立ち上って、それぞれの席をはなれた。私も椅子から立って、クラブハウスの方へ歩いて来た。人々は或る昂奮を抑えて、石黒デイロの出場の用意の整うのを待っていた。そこに、石黒の慶應における大先輩の石井小一郎が立っていて、私に向い、石黒が来たら、思い切ってやれ、とハッパをかけてやりましょう、という。たしかに石黒の勝算はただ果敢の一事に懸っている。私はうなずいた。

そこへ、クラブハウスから、襟に三色の線の入ったスウェターを着て、左手にラケットの中ほどを握った石黒が、いつもの癖で、少し前屈みに背中を丸くして大股に歩いて来た。私たちの前を通りすぎるとき、私たちは「石黒、オイ、思い切ってやれ」と声をかけた。

石黒の顔は引き締まって蒼く、半眼に見開いた目は前方を凝視し、口は、歯を食いしばったように堅く結んだまま、声をかけてもニコリともせず、心もち点頭したほかは、私たちの方を見向きもせずに、そのままコートの方へ歩み去った。

私はこの時までこのような石黒を見たことがない。それは何時もの石黒とはちがう石黒であった。それは決心した人の顔であり、姿であった。私は先刻のデイロの弱々しい表情を思い浮べて比較した。そこで私が、石黒の必勝を確信した、といえば話は面白くなるが、事実そこまでは考えなかった。

た。ただ、何時もの石黒とは違うぞ、と思ったことは、たしかに記憶している。

試合が開始されると、決心した石黒と、心に苦が笑いするデイロとの違いは、一見して明白であった。石黒の脚は軽るく、縦横に走り廻り、サーヴは続けさまに入り、正確にして力強いバックハンドのパッシングは、しばしばネット際のデイロを茫然たらしめた。石黒は最後まで勝敗のことを考えなかったかも知れない。最後の一球、やはりバックハンドストロークの模範のような一球が、ネット際のデイロのラケットの端を掠めて飛び過ぎ、満場総立ちの拍手が起ったときに、彼れははじめて自分の望外の勝ちを知ったかのように、私には見えた。(事実、『テニスゼミナール』の記事によると、決勝後石黒は、虚脱状態のようで、最後の一球は「どんなボールだった」と他人にきいていたという。)

このような瞬間は、人の一生にそう幾度もあるものではない。多くの人は終《つい》にそういう瞬間を知らずに生を終えるのである。私は、親しくしている一青年石黒修が、このたびそれを味わい得たことを、彼れのためにも、日本のテニスのためにも喜んだ。

しばらくしてクラブハウスに帰り、二階に上って見ると、そこに石黒がいた。彼れは私を認め、先刻とは全くちがった表情と姿勢で私にお辞儀をした。新聞社の写真班が私に、石黒と握手してくれ、と注文した。握って見ると、彼れの握力の強いのは当然だが、私は彼れの掌の硬いのに驚いた。突飛な喩《たと》えだが、何か塩せんべいでも握ったような感触であった。

「やはり、相当練習したな」と私は感じた。

帰りの車中、何処か人の集まるクラブの酒場にでも立ち寄って、今日の話のつづきを語り合いたいような衝動を感じたが、思い留まって、そのまま帰宅した。車を降りるとき運転手に、「君、日本の祝勝のため一杯やってくれ給え」と祝儀を出した。これがその日のありのままの記録である。

（『新文明』昭和36年8月号）

皇太子殿下（今上天皇）を自宅に迎えてデビスカップ選手（石黒、加茂、柴田、松浦）と共に。（昭和 33 年春）。後列向かって左より、織田和雄、藤倉五郎、松浦督、柴田善久、山岸二郎、石黒修、浜尾侍従、前列向かって左より、小泉信三、隈丸次郎監督、皇太子殿下、加茂公成。

◆コラム◆

最後の最後まで

志村彦七

私が慶應の庭球部に入部した頃、小泉先生は庭球部長として日本一の庭球部長をもって自負されていた。吾々も先生のもとに日本一の選手たらんと精進した。

その頃、先生は吾々を逞ましい強い選手に育てるために、叱咤激励に随分時間を割いておられた。しかし、一方学問に旺盛な精力を注がれておられた時期で、学界の評価も大変なものだった。そこで在学中に一度は先生の講義を聞いておきたいと思い、一時間だけ教室でお目にかかったことがある。それが後にも先にも教室での対面の唯一のものである。先生はそれを覚えていて、「志村には学問は教えなかった。そのことは自分にとっても、志村にとっても幸せなことだった」と後年よく冗談をおっしゃったものだ。これは裏を返せば、スポーツマンには育てたが、学問は別問題ということだろう。

先生のスポーツに対する態度といえば、猛烈な練習に堪え抜く気力を養い、全力を尽すことを覚え、勝つことへの執念を喚び起させ、最後まで果敢に戦うことのいかに尊いものかを覚らせることにあった。すなわち、練習こそが勝利に結びつく絶対のものであると考えておられたと思う。

吾々が在部した昭和の初期は、先生の学問への激しい情熱と恰も均衡をとるかのように、庭球部長としての情熱を選手にもっとも注がれた時期である。正月休みの吾々の甲子園合宿練習にわざわざ東京から見えられ、昼夜の激励（夜は御馳走にあずかった）をして下さったし、春休み中は大森コートにおける練習に寸暇を割いて姿を現わされた。ネット裏からジッと練習ぶりを見守る先生を見て、吾々は一段と張切ったものである。こんな時先生もまた極めて満足そうであった。

ある春の早慶定期戦に、勝つべくして不覚をとったことがあった。早稲田勢が「都の西北」を歌って引揚げた後、先生は一同を支那料理店に伴い慰労して下さった。宴半ばに、ただ一言「秋にはやろうぜ」と言われた。選手は恐縮やら、ほっとしたりで、元気を取戻し、翌日から丸坊主になって猛練習に入ったものである。秋には見事雪辱し、早稲田のコートで勢いあまって応援歌を歌おうとした。その瞬間、先生はマッタをかけて、「歌いたければ三田へ帰って、思う存分歌い給え」とおっしゃった。しかし、先生も大変愉快であったらしく、こっそり握手して下さった。先生は常日頃、何事についても絶えず相手の身になれと言っておられたが、吾々もそれに気付き、早々に引揚げた。「武士の情」という言葉は、先生の好きな言葉の一つだったのではなかろうか。

また、早慶テニス戦ではもう一つ忘れるに忘れ得ないことがある。そのシーズンの勝負は既に決まってしまっていた。しかし、最後の両校のナンバー・ワン同士の試合は、日が暮れて一ゲームだけ残して翌日に繰り越された。この一ゲームを落したら吾々のナンバー・ワンは負けるのである。次ぎの日、先生は講義を済まされて早稲田のコートまで馳けつけられたのである。三田から早稲田まで行く間に試合は終っているかもしれないのに、タクシーを飛ばして走せつけられた。（この詳細は『小泉信三全集』第十一巻三五〇頁以下を見られたい）尋常では考えられない先生の行動であったが、先生が到着した直後、戦局は一変して、結局貴重な一点を勝ち取った。最後の最後まで試合をゆるがせにしないという、先生のスポーツに対する精神の真髄を目のあたり見る思いであった。

先生はあらゆるスポーツを愛されたが、テニスの他では野球を格別好まれた。野球の試合で、味方の形勢悪しと見れば中途で立上って帰る人々を苦々しく思われ、「九回裏を待たずにあきらめて席を立つのは、観客としても、応援者としても面白くない態度だね」とよくおっしゃった。最後の最後まで選手の健闘に期待を寄せる先生の態度こそ、選手の心情を理解するものと言うべきだろう。

（『小泉信三全集』第17巻月報16　昭和43年7月）

野球と私

野球と私

テニスのことを書いた次ぎは野球の番である。

私は野球選手の経歴はない。しかし野球を見、語り、自分で下手な野球をして楽しむことでは、随分多くの時を費して来た。私は今年六十三歳であるが、今でもキャッチボオルをする。この頃は閑が乏しくなったが、終戦後しばらくの間、午前は読書し、午後は客に接し、夕方、家にいる学生と、門前の空地でキャッチボオルし、終って水浴するというのが、日々の理想の日課であった。人は笑うであろう。――また、現にたびたび笑われたが、――私は六十を越えてから、キャッチボオルの技術が上達した。投手捕手間の正規の距離で投げている中に、制球力も球速も著しく増した。三四年間呼び出しては私の捕手を勤めさせた学生も段々上達して、今年卒業して某大会社へ入社したら、すぐその社の野球選手に登用された。私が親類の子供十人ばかりを家に招き、職業選手の別當と河内とに来て、握手をしてもらい一緒に茶菓のテエブルに就かせ、大いに彼等の間に人望を得たことは別のところ（拙著『朝の思想』）に書いた通りであるが、兎に角、私がキャッチボオルをしてストライクを投げ得るということは、子供等の私に対する評価を高めていると思う。

私はまた有名な守山恒太郎と野球仕合をしたことがある。守山といっても、今の人は知らないであろう。明治三十年代、一高全盛期における不世出の名投手である。私は今も野球界に知人が多く、よく古今の名選手について語り合うが、守山の前に守山なく、守山の後に守山なしと、故老は今も語り草にする。彼れが一高のティイムを率いて、横浜公園に外人ティイムと戦ったその日の記事を、河東碧梧桐が『ホトトギス』に書いたと思う。その守山投手の球を私が安打したといえば、物語りにはなるが、そんなことはあり得ない。私が守山を知ったのは、彼れが一高から大学に進み、野球をやめてテニスの選手になってからである。年は私より余程の先輩であったが、テニスの選手としては格別のことはない。テニスコオトへ出れば、守山何者ぞ、とこっちは思っていた。ところが、その帝大の庭球部と慶應の庭球部とで野球仕合をやろうということになったので、遂に私が守山と野球仕合をしたという自慢が書けることになったのである。守山がマウンド（当時ピッチャアボックスといった）に立てば、無論誰れも打てなかったであろう。こちらで忌避したのか、向うが遠慮したのであったか、彼れは三塁を守り、左利きの常として、ギゴチない姿勢でゴロを取って一塁に投げていたのが目に残っている。守備のとき、私は外野にいたが、別段猛打されて面喰ったという記憶はない。彼れの方で加減したものか、それとも、その時の味方の投手はヒネクレた球を投げる左利投手であったから、已むを得ず凡打をくり返したものか。兎にも角にも、自分は守山と野球仕合をしたという、名誉の記憶だけが残っている。明治四十年頃のことである。

けれども、これは余談の余談である。私が学生として、また教授として心にかけたのは、いうまでもなく対早稲田大学の仕合である。私どもが学生のとき、応援の紛擾から対早大の野球仕合が中止になり、捲きぞえを喰って、一切の対校競技が廃せられ、年を経てそれが復活したのが大正の終りであった。復活はしたが、塾は続けて敗け、元号は改まって昭和となった。監督は多智多謀なる三宅大輔であったが、成功せず、後年日本のマグロウと称せられた腰本壽がそれに代ったけれども、始めはやはり振わない。アメリカの大学で、フットボオルの仕合に負けると出身校友が喧しくいって、総長を始め大学当事者を悩ますということは、本にも書いてある通りであるが、日本も同様で、慶應義塾出身者の集まる社交クラブ交詢社は、そのとき帝国ホテルの裏の空地に仮住居していたが、そこへ顔を出して見ると、喧々囂々《けんけんごうごう》たる有様で、吾々教授を捉まえて、これというのも学風が不振だからだなどとまでいうものがある。冗談いうな、とこっちは取り合わないけれども、あまり好い気持ちはしないのである。

前に書いたように、昭和に入ると私が部長をしていた庭球部は、春、早稲田を破り、秋、更に大勝した。私はだいぶ好い気持ちになったが、野球の方は依然として振わず、秋のシイズンの始めには、法政に敗けた。法政に負けても今なら何でもないが、早慶明というものが別格のように見られていたその当時は、これがよくよくの事のように思われ、人々も見離したか、武蔵新田の野球部の合宿は、寄り付くものもなく、流石《さすが》剛愎の腰本監督も、孤影悄然として言葉もないと伝えられて来た。

正に憂国の志あるものの慨然として起たなければならぬ秋《とき》となった、という訳である。私は教員室で同僚に、あんまり野球部が気の毒だから、菓子でも持って見舞いに行こうか、といい出した。直ちにそれに応じたのが、槇智雄君と平井新君とであった。槇君は、後に私とともに慶應義塾の理事となり、日吉台の校舎運動場の全建設を始め、幼稚舎の校舎、三田の大教室の建築から藤原工業大学、獣医畜産専門学校の創立まで、殆ど一人で計画し、実施した教育行政の大家であるが、その当時は、まだオクスフォオド帰りの一介無名の教授に過ぎなかった。平井君に至っては更に一層の駆け出しで、四半世紀の後、慶應と早稲田の両大私立大学の講義を担当し、社会思想史の元締のように見られている同君の今日は、当時は到底予想すべくもないことであった。ただ両君ともに平生慷慨の精神に富み、且つ共にスポオツ好きであったから、私もひそかに望みを嘱して誘いをかけた次第であったが、果然二君は言下に起った。

その旨を腰本に通じると、是非来てくれという。月日は忘れたが、約束の日の夕方、三人で合宿を訪ずれると、選手等は蓄音器で行進曲を奏して迎えてくれた。それから一緒にライスカレエを食べ、茶をのみながら話をして、秋の夜を更かした。監督は選手を一人一人吾々に紹介したが、有名な宮武も山下も、後に若死にした、あの気持ちの好い捕手の福島も、皆なその年の新人選手であった。

どんな話をしたか、大抵忘れてしまったが、その中にこんな一節があった。バッティングの不振ということについて、当時ゴルフに熱心であった槇君が、嘆息するように、「ゴルフの球に比べれば野球の球は何倍も大きいのに、それにバットも太いのに、どうして当らないものかなあ」といった。選手の一人がそれに対して、「先生、それは無理ですよ。ゴルフの球はじっとしていますが、野球の球は動きますよ」といったので、大笑いになった。

素人の差出口とは思ったが、私は腰本に、この頃の不振は選手が野球に屈託して、気分が饐《す》えているためではないか。寧《むし》ろ思い切って暫く野球をはなれ、旅行でもして来たら、却《かえ》って闘志が湧くのではないか、といった。勿論それで始めて気のつく腰本ではないが、後できくと、二三日して彼れは選手を引き連れ、日帰りで江の島へ遊びに出かけた、ということである。

これが塾の不振の底であった。数日の後、塾のティイムは明大と四回戦をしてこれを破り、次いで早稲田に簡単にストレイトで勝った。物凄かったのは、早稲田よりも、寧ろ明治との決勝戦であった。その何回目であったか、宮武の打った猛烈なゴロがショオトのグラヴをはじき、俊敏で聞こえた林が、鞠のようになって、ファウル線外に球を追っかけた光景は、今も私の目にのこっている。当日、私は座席の入口を間違え、当年の蛮気濛々たる明大応援団の真中でこの試合を見たので、一層印象が強かったのかも知れない。

早稲田との試合では、守備は投手濱崎の独舞台であった。当時、中里介山の『大菩薩峠』というものが盛んに読まれていた。或る新聞の野球記者はそれを引いて、「濱崎の球は米友の妖剣の如く」といったが、正にその通りで、健棒をもって聞えた早稲田の打者が、この小男の左投手の前に茫然として為すところを知らず、ただ翻弄《ほんろう》されるがままに任せたのは、何かに魅入られたかと思わせるばかりであった。第二回試合には、指に白く繃帯《ほうたい》した宮武が出て、加減しながら投げていたが、打者が出塁すると、腰本は躊躇《ちゅうちょ》なく再び濱崎を立たせて、後続を断ち切った。最後の球はPゴロであったが、それを摑んだ濱崎は、一塁に投げず、自ら小走りに走って塁を踏み、これでゲエム・セットとなった。塾の早稲田に対する最初の完全な勝利である。

私は選手ベンチの上の先輩席の端で見ていたのであったが、いきなり手を下から、腰本監督の両手で摑まれた。彼れは涕涙《ているい》滂沱《ぼうだ》として下りつつ兎角の言葉もなく、私もただ堅く手を握り返すのみであった。これも吾々のカレッジ・ライフを忘れ難いものとする一つの瞬間である。

今は故人であるが、私の尊敬した先輩に、長くロンドンにいて信用の高かった或る銀行家があった。その人は大学の学歴がなく、全くの独修で博い学識を蓄えた人であったが、よく私に述懐していった。今の大学が授ける程度の学問は、独修によって得られないとは思わない。ただ諸君のように、同窓の友というものを持たないことは、自分の生涯の不幸であろうと。私はそれを思う。右の野球監督との握手の如きも、学校に学ばない人の、殊に私立大学に学ばない人の、恐らく味わい知らぬ体験であろう。

その夜であったか、別の夜であったか、そこの記憶がはっきりしないが、私は槇、平井の両君と銀座のレストランに卓を囲んでいた。吾々は、誰れも吾々の訪問が選手を激励し得たと思うほどの自信家ではなかったが、あの時行ってよかったと思う心は、一つであった。吾々は互いの満足を語り合い、母校の栄誉を喜んで乾杯した。

丁度今から二十五年前、私がまだ三十代の大学教授のときのことである。第一次大戦が終って十年、満洲事変もまだ起らない頃の太平の世の昔語りである。

（『新文明』昭和26年11月号）

慶應義塾野球部史に寄せて

私は野球部選手の経歴はないが、学生時代から野球部に友だちが多く、子供のときから今日まで、半世紀以上も野球を見つづけている。私はすべてのスポーツに興味を持っているが、野球に対する興味は殊に深い。部外者としては最も野球に関心の多い一人といえるであろう。

私は明治二十九年から大正元年に西洋留学に出かけるまで、十六年ばかり、三田四丁目の家に住んだ。それは三田の丘の南側の麓に当る地で、門前は街路であるが、裏木戸を開けば、そこはもう慶應義塾の構内であった。当時は慶應義塾もまだ小さな学校であった。教室も寄宿舎も運動の施設も、当時はすべてあの三田の山の上にあった。私が塾の普通部に入ったのは、数え年十五の明治三十五年であったが、入学のその以前から、毎日塾の構内で遊んで暮らしていた。

その丘の上の運動場が狭くて正規の野球場の面積を欠き、一塁―三塁の距離が短くて、ダイヤモンドが正方形の代りに菱形をなしていたこと、三塁の後ろに板塀があって、三塁手は往々、後逸したゴロの、塀に当って転ろがるのを拾って、一塁に投げるというようなことが行われたことは、すでに故老の談によって知られているかも知れない。外野のライトは、稲荷山の麓を背にすることになった。後逸した球が、しばしば草の間に隠れ、試合が一時停止されるというようなことがよくあった。

運動場と同じく塾のチームの技術もお粗末なものであった。明治学院や横浜Y校（横浜商業学校）といえば、当時の中等学校であるが、塾はそれ等の学校の好い相手というよりも、寧ろそれ等と試合をしてよく負けた。塾の野球部が面目を改めたのは、漸《ようや》く明治三十五年前後からであったと思う。栃木中学から渡邊萬治郎、龜山亮作、信州から宮原清、櫻井彌一郎、正則中学から当時有名な時任彦一等々が入って来て、漸く陣容が整った。

塾が当時の蜂須賀侯爵家から所有地を譲り受けて、綱町運動場が出来たのは、明治三十六年のことであったと思う。この秋に、始めてここに早稲田を迎えて、試合をしてこれを破り、翌年、即ち日露戦争の捷報のしきりに入る明治三十七年の春、球界の覇者第一高等学校と向が岡の校庭に戦ってこれを破った。この試合、第九回の裏、二死にして走者一塁にあるとき、櫻井の一打に球はセンターを越え、二走者とも生還して勝敗忽《たちま》ち逆転したのは、永く記憶すべき快事であった。当時、普通部五年生で、年十六歳の少年であった私も、一高の運動場で、手の舞い、足の踏むところを知らなかった塾生の一人であった。

これと前後して、早稲田も一高を破ったので、球界の覇権は官学を去り、私学たる早慶両大学によって争われることになった。前にも記した通り、それは日露開戦の明治三十七年の出来事であった。このスポーツの上における私学の勃興が、全国民奮起の日露戦争とその時を同じくしたことは、必ずしも偶然でないかも知れぬ。

しかし、このようにして始まった早慶争覇の時代は、不幸にして長く続かなかった。明治三十九年秋、応援団の熱狂と不穏は試合の続行を不可能にし、終《つい》に慶應義塾は早稲田大学に対し、一切の対校競技を拒絶することになって、スポーツ断交は、明治三十九年から大正十三年まで、約二十年の長きに及んだ。今にして見れば、復交の途はもっと早く開かるべきであったと、私には思われるが、これも時の勢いであったろう。この間わが野球部が生んだ、福田子之助、佐々木勝麿、三宅大輔、小野三千麿、新田恭一の如き不世出の大才が、この断交のため、早慶試合に出てその実力を示す機会を失したのは、返す返すも遺憾なことであった。（福田は早慶試合に出場したことはあるが、断交が決せられたとき、彼れはまだ大学予科一年生であり、彼れの真に成長充実した実力を、早慶試合に示す機会は与えられなかった。）

幸いにして時は早慶両大学の交りを旧に復せしめ、大正の終りに至って、他の各種の競技と共に、両大学の野球試合もまた復活されることになった。だが断交中の二十年間に、他の諸大学の野球が発達したので、球界の覇権はもはや両大学でなく、明、法、立、帝（東）の四者を加えた六大学の間に争われることになった。不幸にして昭和三十二年の秋のシーズンにおいては、早慶両大学共に振わず、嘗《かつ》て「天下分け目の早慶戦」と謳わしめた、その早慶両大学が、リーグのスケジュールの最後の試合において、六大学の四位と五位とを争うという始末になったのは、嘗ての両大学を知るものをして、そぞろに今昔栄枯を歎ぜしめた。しかし、両大学を知るものは、誰れもこの近状をもってその真の実力とは認めていない。両チームの伝統と実力と気品と社会的影響とを知るものは、今も早慶あっての六大学、六大学あっての学生野球であることを些《いささ》かも疑わないであろう。

私の野球についての記憶も当然早慶試合に集中する。そうして塾出身のものとして殊にそれが塾の勝った試合に集中することは自然であろう。

早慶試合復活後、塾のチームは暫らく振わず、最初の勝利は、昭和二年の秋に来た。わが監督は腰本壽、選手は短軀の濱崎眞二で、勝負は一方的であった。次いで翌年十戦十勝の記録が打ち立てられ、更に昭和四年春の宮武対小川の対戦に勝ち、その秋は、早大佐藤のヒットを、わがセンターが後逸してホームランとして敗れたが、その直後、野球あって以来始めての天覧試合に圧倒的に大勝した。それが腰本の全盛時代で、試合前新聞記者が予想をきけば、彼れは必ず勝つと断言し、早稲田は恐わくない、恐わいのは審判だ、と傲語しても、人はその剛愎を悪《にく》みつつ敢えて逆らわぬように見えた。

その後、水原三塁手の林檎事件なるものがあり、秋の日は暮れて、外野の観覧席で吸うタバコの火が、遠くネット裏から見えるほどの宵闇の中に、九回裏のヒットで、塾が逆転して勝つと、これより先き、水原に林檎を投げつけられたという三塁側の応援団が球場に雪崩《なだ》れ落ちて大混乱をひき起こした光景を、今なお憶えている。

それ以後で記憶にのこっているのは、昭和十四年の秋の優勝である。短身非力の高木投手は、三日間緩球を連投して早大を抑え、ほとんど狂瀾《きょうらん》を既倒《きとう》に回《か》えすともいえるほどの勝利を得た。それは大陸では不幸なる支那事変の進行中のことであったが、たまたま決勝試合の途中で、或る作戦の勝報がアナウンスされ、一同しばらく試合を停止してそれをきき、きき了って歓呼したが、その間にも、肩の冷えるのを恐れた高木は、ひとり捕手を相手に投球をつづけていたのを憶えている。惜しむべし、彼れは卒業後多くの同輩と共に軍籍に入り、大陸で戦死した。彼れがこの秋、薄暮の神宮球場で、リーグの閉会式に臨み、潮の如き慶應スタンドの歓声に迎えられて進み出で、写真班のフラッシの閃光の中に、光栄ある優勝杯を受けた姿は、短命を惜しまれた俤《おもかげ》として、今も私の目にのこっている。

戦死といえば、野球部も多くの戦死者を出した。永井、梶上、根津、楠本、中田。私は彼等と、単に塾長と塾生という関係でなく、互いに相見て言葉を交じえる間柄であった。数え来れば、あゝ、多くの人を失ったと思うことは、今更ながら切ならざるを得ない。

やがて全世界の大乱となり、無数の人が死に、或る国は興り、或る国は衰えた。そうして再び平和が復すれば、人々はまた野球場に群がり集ることになった。私は空襲に負傷して、久しく屋内に籠居《ろうきょ》していたが、やがてまた出て、球場に通うことになった。野球を見ることはすでに六十余年である。そうして、塾の勝敗のために喜憂することは、今も少年の日と変らず、鑑賞眼は少しも進歩しない。

昭和三十一年の秋のシーズン、塾のチームは世評に反して、連戦連勝し、遂に最終日に早稲田を破って優勝した。それは快よく晴れた日であった。第九回裏、早稲田の攻撃で、すでに二死となり、一走者は二塁にいて生還の機を窺ったが、代打者左利きの巨漢中村は、すでに二ストライキをとられ、わが投手林の次ぎの球はファウルとなった。私は遙かに高い貴賓席から手摺りの上に乗り出して、次ぎの一球を注視した。投手は投げた。私はそれによって写真班のフラッシが光り、勝負の決したことを知った。しかし、この最後のストライキがいかなる性質の球であったかは、見ることが出来なかった。私の周囲に数人の塾の教職員がいた。この人々に問うて見たが、誰れも答えない。ただみなワクワクして見ていたのである。その日、投手林はしきりにドロップを多投した。或るものはいう。最後の球も低いドロップであったと、私もそう思ったのであった。他のものはいう。高い球がドロップして、ストライキゾーンに入ったのを空振りしたと。しかし、当の投手と捕手にきけば、問題の球は高目の直球であった。打者は振りかけてやめたが、間に合わず審判は手を挙げてストライキを宣したのであったという。そういわれてから、ニュース映画を見れば、みないう通りであった。

六十年も野球を、しかもかなり熱心に見ながら、私の観察の疎漏《そろう》はこの通りである。これはこの程度の野球愛好者の記憶を書いたものである。

（『慶應義塾野球部史』三田倶楽部　昭和35年2月）

自慢高慢

「自慢高慢バカのうち」。

と、子供のときに戒められた。たしかにその通りで、私もバカと思われたくないのは山々であるが、ところが、したい自慢はやはりしたい。先日、私は六大学野球の始球式に出て、神宮球場のマウンドからストライクを投げた、といって新聞にほめられた。どうもその話を書いて吹聴したいのである。七十七歳という自分の年を省み――また教育者と見られている私として――どんなものか、と色々考えて見たが、やはり書いて『新文明』に投稿したくなった。

三月の終りか四月の始めであった。慶應の当時の野球部長から電話があって、今年は慶應が六大学の当番校で、慣例上塾のものが始球式に投げなければならぬが、ということで、私に出てくれないかという。その時私は珍しく風邪を引き、数日来臥床していたのであったが、電話を取り次いだ妻に「承知した」と即答した。妻は驚いたようで、大丈夫か、ときいたが、結局私のいう通り電話に答えた。

始球の日は四月十日である。その二三日前に風邪は直って私は離床した。当日は薄曇りの日であった。かねて十二時頃までに神宮球場に来てもらいたいということであったが、適時に『新文明』の和木君が迎えに来てくれ、また、野球部からもマネジャーが二人、ボールとグラヴとミットを持って来てくれた。これは、球場へ行く前に、試みに二三球投げて見たいから、と頼んで置いたのである。早速広尾の私の家の門側に出て、グラヴを穿め、マネジャーの一人にミットを穿めてもらい、距離を測って投げて見た。第一球も第二球も捕手にとどかず、それでバウンドになったが、第三球あたりから球は音をたてて捕手のミットに収まった。「どうも有難う」と匆々《そうそう》肩ならしは切り上げて一緒に球場に行く。

グラウンドへの出入口まで降り立って見ると、球場では入場式が終って、選手は退場するところであった。各大学の選手には顔見知りのものが多い。青年等は、出入口に立っている私に脱帽して挨拶して出て行く。何時もはスタンドから見下ろしているのが、同じ地面に立って見ると、彼等は皆な頼もしい大男に見えた。

やがてグラウンドの地ならしがすみ、黒い土の上にバッターボックスの白線が引かれ、守備の東大選手が位置に就くと、ラウドスピーカーは「これより元慶應義塾大学塾長小泉信三氏による始球式が行われます」とアナウンスする。拍手が起った。(一寸《ちょっと》声を出すものもあった)。紺背広の制服の審判が私を迎えに来る。その人に導かれて投手板の方へ歩む。私は空襲の負傷で脚が利かないから、ステッキをついてその後に従う。観衆の目を意識して、もっと颯爽《さっそう》と歩きたいものと思ったが、

東京六大学野球始球式（昭和 40 年 4 月 10 日）

意の如くならない。人が見ればヨタヨタしていたことだろうと思う。マウンドに着く。審判は「プレー」をかけましたらお投げ下さい、といって、純白のボールを私にわたした。そばに立っている東大の投手は、この日慶應を破り、また全シーズンを通じて東大チームを重からしめた好漢井手であったが、私は携えたステッキを彼れに托し、マウンドに立った。ネット裏の人々の顔が見える。

たしかに慶應義塾創立百年式典の演壇に立ったときほどの興奮は感じた。そうして、恐ろしくホームが遠方に見えた。投手板からホームプレートまでの規定の距離は六〇・六フィート、即ち約十間である。十間の距離に球を投げることは私にとって難事でない。それが遠く見えたのだから、私が硬くなっていたことは争えないと思う。一寸考えた。暫く野球の球を握らないから、指が締まらず、スナップが利かないだろう。遠目の（右打者に）高い球を投げるくらいのつもりで、丁度ストライクになるのではないか。と思っていると、審判が高く右手を挙げ、ビックリするような大声で「プレーボール」と叫んだ。私は右足に堅いプレートを踏み、投げた。一瞬、とどくかな、と思ったが、球はベースの上、打者の膝のあたりを通過した。スタンドに一斉に拍手が起り、歓（?）声を揚げるものもあった。私は学校の試験がすんだ少年の気持を味わった。その時の打者は塾のショートの大瀧で、たしかにバットを空振りした筈であるが、彼れの顔も動作も、私の目には入らなかった。

私はマウンドを下り、人々の拍手の中に、殊に慶應ベンチの前で、島崎部長前田監督を始め選手等の笑顔に迎えられ送られつつ退場した。退場すると、忽ち《たちま》スタンド階下のロビーで記者諸君に取り囲まれ、色々質問された。どの顔もニコニコしている（と、私には見えた）。そのインタヴュウが翌日の新聞記事になった。実はそれが引用したくてこの文を書くのである。

先ず毎日新聞、当日四月十日の夕刊である。入場式の次第を報じたその後に、記事は続けていう。

「開幕第一戦慶大対東大は午後零時十五分開始。小泉信三元慶大塾長の始球式の一投は内角いっぱいのストライク。大きな拍手がまき起って、八週間にわたるリーグ戦は開かれた。」

これが翌日の新聞となると、もっと詳しい。

『朝日』はスタンドという欄に「小泉さん見事な投球」とゴヂックで表題して左のように書いた。

「○小泉信三氏が春の東京六大学野球リーグの始球式に登板した。『ホームまで球がとどくかなあ』の声がスタンドから出たが、その心配は無用だった。

東大の松林捕手のミットをじっとみつめ、大きくワインドアップして投げた。内角にはいる見事な、七十七歳の老体とは思えない好球にスタンドはドッと拍手がわいた。テニスで鍛えただけに堂々たる投球ぶりだった。もどってくるや『やあ——、マウンドへいってみると遠いもんだね。キャッチボールは学生のころからやっているが、きょうも始球式の前に慶大部員を相手に三球ほど投げてみたよ』と自信はあったといわんばかり。」

『サンケイ』は「みごとなストライク」と題してこう報じた。

「神宮球場では小泉信三氏（元慶大塾長）の始球式でプレーボール。小泉氏は二、三日前から自宅に慶大の野球部員をよんで熱心に練習したとあって、この日はみごとなストライク。七十六歳の高齢、足の不自由な先生の姿を心配そうにながめていた慶大、東大ナインも、いっせいに拍手。」

但し二三日前から練習したというのは少しオーヴァーで、真相は前記の通りであった。

東京新聞は私が「超スローボールながら見事なストライクをなげて拍手をあびた」といい、更に「ネット裏の関係者は『始球式で正真正銘のストライクを投げたのは始めてだろう』とみなビックリ。もっとも慶大OBの話では『小泉氏は塾長時代ときどき慶大グラウンドに現われてキャッチボールをしており、腕はなかなかたしか』とのことだった」とある。すべて評判は上乗である。

邦字新聞のみではない。ジャパン・タイムスもこの事件を報道した。曰く Former Keio University President Koizumi received a loud applause from spectators when he officially opened the series by hurling a perfect strike from the mound.

私はこの記事を誰れかアメリカの友人に知らせたく思っている。

先ず一寸右のような具合である。

私も学生時代は運動選手として時々新聞に名を出されたが、当時熱中したのはテニスであって、野球選手の経歴はない。ただ同じく球を扱う競技であるところから、当時のテニスの選手は大抵野球もやった。ただほとんど六十年をへだてた後年に再び新聞のスポーツ欄で、しかも野球の投球で、ほめて貰えるとは真に望外の仕合せであった。こんな名誉は、当人が黙し、他人が語ってくれると奥床しくて好いのであるが、どうもそれを待ってはいられないから、つい自分で吹聴するような始末となってしまった。読者幸いに諒せられたし。

追記すると、日ならずして六大学リーグから記念品として卓上の置き物を贈られた。径二〇センチほどの木製小円盤の上に、昔の軍隊の叉銃のように三本のバットを組み、その上に私の投げたボールを載せるようになっている。その球には、証明のためか六人（六大学代表？）の人の署名があり、球の革の表には、特にニスが塗ってある。私は欣《よろこ》んでそれを受け、客間の一隅の卓上に置いた。世それは何か、と問うものがあったら手柄話をしようと思っているが、中々人はきいて呉れない。世に心利きたる人というのは少ないものである。

（『新文明』昭和40年8月号）

病めるもの、貧しきもの（抄）

社会的不幸を除くということについて、人はまず法律を作ることを考える。法律は勿論大切である。社会的立法の功徳は大きい。けれども、今の社会には、法律の力の及ばない、或いは法律の制定まで待っていられない、無数の不幸がある。どんな社会制度が造られることを予想しても、人々が隣人の窮苦を憐み、常に分に応じてこれを慰め援ける用意があるのでなければ、幸福な共存はあり得ない。これがなければ、社会的立法がたといどのように備わっても、人と人との関係は、索漠たるものに過ぎないであろう。

先頃感じさせられたことがある。東京市外の或る病院で、多数の気の毒な患者が療養している。外出することの出来ないその人々が、どうにかして一流選手の野球仕合を見たいといっていることを、人から聞いた。私は知り合いの或る大学の野球部長に話して見た。そうして、私のいわんとするところを、選手等に伝えて貰った。

諸君は青春と健康とに恵まれ、そうして運動選手の勇ましい、花々しい生活を送っている。けれども、ここに同じ世の中に、病苦に悩み、慰めの少ない、こんな気の毒な人々があるのだ。その人々が、一度諸君の仕合を見たいといっているという。諸君の学業も忙しく、日々の練習の厳しいことはよく分っているから、決して無理をしてくれては困るけれども、もし諸君の中に、半日の閑をつぶしても、往って仕合をして見せようといってくれる人々があるなら、どんなにか病人達は喜ぶであろう。

日ならずして部長は返事を持って来てくれた。選手は四十人ばかりの全員挙《こ》ぞって往く、といったと云う。私はその志を嬉しく思い、仕合の当日、それは今年の春の美しく晴れた一日であったが、自分も車を借りて病院に往って見た。それは勿論人に見せるための練習試合に過ぎなかったが、選手等は些《いささ》かも競技を忽《ゆるが》せにするところなく、真剣に勝負を争って、全九回の攻守を終えた。そうして風呂に入れてもらって別仕立てのバスで合宿へ帰って行った。

その後通信により、また伝言によってきくところによれば、幸いにもこの仕合は、病気の人々を慰めることができたらしい。私は些かの仲介が実を結んだことを喜んだ。しかし、頼んで往ってもらった私の口からそういっては済まないけれども、病人等が慰められたと同じように、その人々を慰めることの出来たことは、四十人の青年にとってもやはり或る満足であったのではなかろうか。人々の心の中にある、隣人を助け、慰め、いたわりたいと思う心をゆり動かす、小さな一つの機縁を供し得たことは、私としても仕合せであった。それはどんな社会においても、制度や法律のみによってはなし得られないことである。

人は各々その分に応じて隣人のため、公共のために義捐《ぎえん》すべきだというに対して、屢々《しばしば》人は、自分にはそれだけの余裕がないという。しかも意外に熱心にそれをいう。けれども、多くの場合、それは事実でない。前に、フランスで行なわれていた「貧者の権利」のことを書いたが、一度、タクシに乗ることをやめて電車で間に合わせるという程度の機会は、随分多くの人に、殆ど日々のように来るのである。今の社会の多数人が余裕のない生活をしていることは、無論事実であるが、同時に、若干の意思が若干の余裕を生み出すことも、常に事実である。今は誰れもが窮屈な日々を過ごさなければならぬ時である。しかしその窮屈の中にも、よりいい不幸なる、病めるもの貧しきものが世に多いことを思うのは、常に吾々の義務ではないか。日本の次の世代を、もっとこの義務について教育することは、世の父母や教師の懈《おこた》るべからざるところであると思う。

池田成彬氏の友であった一米人の平生の心がけを聞いて、以上の事が書きたくなった。

（「平生の心がけ」『文藝春秋』昭和27年12月号）

◆コラム◆

勝ちたがり屋

前田祐吉

慶應義塾体育会の創立七〇周年に際し、小泉先生は「三つの宝」と題して、スポーツの効用を説かれた。第一は、練習によって不可能が可能になるのを体験すること、第二は、フェアプレーの精神の体得、第三は、終生変らぬ良き友人を得ること、を挙げて、多大の感銘を与えられた。又先生が好んで口にされた言葉に「Be a hard fighter, and a good loser!」というのがあった。私はこれを「猛烈に戦った者にしてはじめて、良き敗者たり得る。」と自己流に解釈して自らを戒め、選手にも話し聞かせるのを常とした。

この二つを並べると、スポーツに対する先生の考え方が明瞭に浮かび上るのを感ずるが、スポーツをこれ程簡明に洞察した表現を他に知らない。御自身が優れたスポーツマンであった先生は、その生涯を通じて、スポーツの深い理解者であり、力強い擁護者であり、又暖かい批判者であった。

生前テニスを別にして、最も好まれたのが野球であった。火傷のために不自由な身体になられてからは、ラケットを握られることはなかったが、代ってキャッチボールを楽しまれ、昭和四十年春の東京六大学野球の開幕の際には、始給式に見事なストライクを投じて満場の喝采を浴びた。ステッキを手に、悠々とマウンドから歩を運ぶ先生の、満足そうな、一寸照れたような笑顔を忘れることが出来ない。先生の晩年に一つの楽しい舞台を提供することができたのは、私達にとって何よりの思い出である。

神宮球場のスタンドに着席されると、試合の状況に拘らず終始端然として、愛用のオペラグラスを通して、最後の一球まで見届けられたが、常にグラウンドマナーに注意し、フェアプレーを説かれた先生が、一たび慶應の試合となると、大変な負けず嫌いで、御養子準蔵氏の表現を拝借すると、「勝ちたがり屋」であったことは案外に知られていない。試合の間、一喜一憂を繰り返されたことを、先生御自身や御家族の方々から伺うたびに、何時も却って気の休まる気持であった。野球の監督として、ダッグアウトで胴震いを選手に判らないようにごまかしたり、思わず興奮して大声を上げたりしては、あとで反省してばかりいた私は、尊敬する先生が、自分と同じように胸をどきどきさせておられる所を想像するだけで、一ぺんに先生が身近に感じられ、文字通り先輩と後輩という単純な間柄で、先生に接しても余り失礼には当らないような気がしたのである。考えてみれば、初めから勝敗を度外視するなどはスポーツの邪道であり、両軍の勝利への意欲が火花を散らしてこそ、本当の喜びも感じられようというものである。この意味からも、先生はスポーツを傍観者としてでなく、自らその渦中に入って楽しまれたことが判るのである。

　慶應が優勝したときなど、早速お祝いのお手紙を戴いたが、心から喜んで下さる気持、私や選手だけでなく妻の喜びまで察して、共に喜んで下さるお気持が、例の格調高い文章の行間に溢れ、胸が熱くなるのを覚えた。ただそのあとが大変で、折返し御礼状をと思いながらも、先生の手紙を読み返せば読み返す程、どうにも筆が動かず、四苦八苦したのも、今は懐かしい思い出となってしまった。

　話が前後するが、先生に最初にお目に掛ったのは、私が大学四年の時であった。先生の薦めで、都下村山の全生園という癩病の療養所を、慶應野球部が訪問して紅白試合を行なった時であった。療養所に着いた我々を、全身大火傷の偉丈夫が出迎えて下さった。これが小泉先生であった。自分の怪我を忘れて、不幸な人達を慰めようという先生の真情に、選手は一様に感激し、試合は熱の入った好ゲームとなった。

　私も白軍の投手として登板し、一点をリードした七回に走者を一塁において、同僚の種田の逆転のホームランを打たれて敗戦投手となってしまった。白球が目のさめるようなライナーとなってフェンスを越した瞬間、嘆声とも歓声ともつかぬドヨメキが起り、続いて不自由な手で精一杯の拍手を種田に送る患者さん達を見ているうちに、思わず種田に向って「有難う!」と心の中でつぶやいていた。私達は晴れやかな気持で全生園をあとにしたが、世の中には立派な人もいるものだというこの時の感動は今に忘れることができない。

盲が象をなでる諺そのままに記して来たが、小泉先生の謦咳に接する機会を得たことは、私にとって、時が経つにつれて、益々貴重な財産となることを確信している。

(『小泉信三全集』第18巻月報6
文藝春秋　昭和42年9月)

◆コラム◆

父と野球

秋山加代

亡くなって十年経った父が、「野球殿堂」というものに入れていただいた。

今年八十一になった母から電話で、

「ちょっと。いま、何だかよくわからないことがあったんだけど……。貴女に聞いてみようと思って。あのね、お父様が、何だか不思議なところに入れられるんだって。野球殿堂とかいうの」

という。

「あら、結構なことじゃありませんか、お父様、きっとおよろこびよ」

というと、

「ああ、好いことなのね、それ。私よくわからなくて、変なお返事しちゃったけど……。まあいいや。新聞に出ますってよ。あした新聞見てごらん」

翌日の新聞のスポーツ欄には、「故小泉信三氏野球殿堂入り」という記事が出た。戦時中、軍部の反対を押しきって、出陣学生のために、早慶戦をしたことなど、表彰の理由が書いてあった。次の日には、それが、近ごろ明るいニュースだと、父のスポーツ好き、殊に野球見物に熱心だったこと、父が晩年、六大学野球の始球式にストライクを投げて、自慢だったことが、あたたかい筆で、毎日新聞の「余録」に書かれた。

慶應の野球部や、知人から、お祝いの電報が来、電話もかかった。

「文化勲章より、先生およろこびではないでしょうか」

という人もいた。母に、

「どうしていいことなのに浮かない返事をしちゃったの」

と聞くと、

「だって、お父様、勲一等だって御辞退する方でしょ。だから、何でも、むかしからの習慣で、すぐ受けていいのかどうか、考えちゃうのよ」

と云った。母はだんだん嬉しくなってきたようだ。

父はテニスの選手だったし、テニスも大好き、というより、庭球部の連中は、身うちのようだったが、野球も本当に好きだった。

私たち家族も、その影響で、戦前のある時期は、慶應の野球の勝敗が、家の気分を支配していた、と云っても云い過ぎではなかった。

父は、慶應の出る試合には、大てい神宮球場へ行った。「敵状視察」と云って、慶應の出ないときも行った。私も娘時代よく行った。父は貴賓席で、私は三塁側か、たまに伯父水上瀧太郎と一緒に指定席で見た。

野球が終ると、出口で父を待って、一緒に帰った。敗けた日は、車の中で二人ともほとんど口をきかなかった。

その代り、勝つと、父はおしゃべりで、

「オイ、〇〇のプレイは凄かったね。あの身体のやわらかいこと」

とか、

「よくあのフライを取った。感心なやつだ」

という。

早慶戦がすむと、監督、部長を家へお招きした。森田監督という方が、少しお酒が入ると、

「あの球が、チョンとセカンドの頭をこえていれば……」

とたまをバットに当てる形をしながらいつも、かえらぬ繰りごとを云われた。そのころ、慶應は、あまり強くなかった。

「次のシーズンがありますよ」

と父は、自らにも云い聞かせるように云った。

私がロンドンに暮した三年間、父はよく手紙をくれたが、またか、と思うほど、野球のことが書いてあった。私はむかしより大分冷めていたので、父の変らぬ情熱に少し呆れた。

「慶應の野球は好調で、すでに東大と強敵法政を破り、昨日また第三回戦で明治を破った。母上は外出、妙子と二人でラジオをきく。慶應のエース投手渡辺不調で、第一回ウラに一挙三点を奪はれる。オヤオヤと思っていると、第三回の表てヒット、ヒット、四球、満塁ノーアウトのところへ、主将に西岡という左利打者が立つ。2ストライク、2ボールのあと、カーンという快音。アナウンサー、「ア、ライト頭上、抜きます抜きます。ア、入りました、ホームラン！　満塁ホームランでした」という。妙子と僕と握手。「満塁ホームランとはあくどいわね」と妙子。「だから俺れケーオーの奴キライなんだよ」と僕ゴキゲンの態！」

「野球殿堂」に入れられて、父はゴキゲンの態であろう。

（『辛夷《こぶし》の花——父小泉信三の思い出』
文藝春秋　昭和51年5月）

家族の団欒（昭和 32 年クリスマス）
左より秋山正、小泉妙、小泉準蔵、小泉信三、秋山加代、
とみ夫人。

Ⅱ　スポーツが与える三つの宝

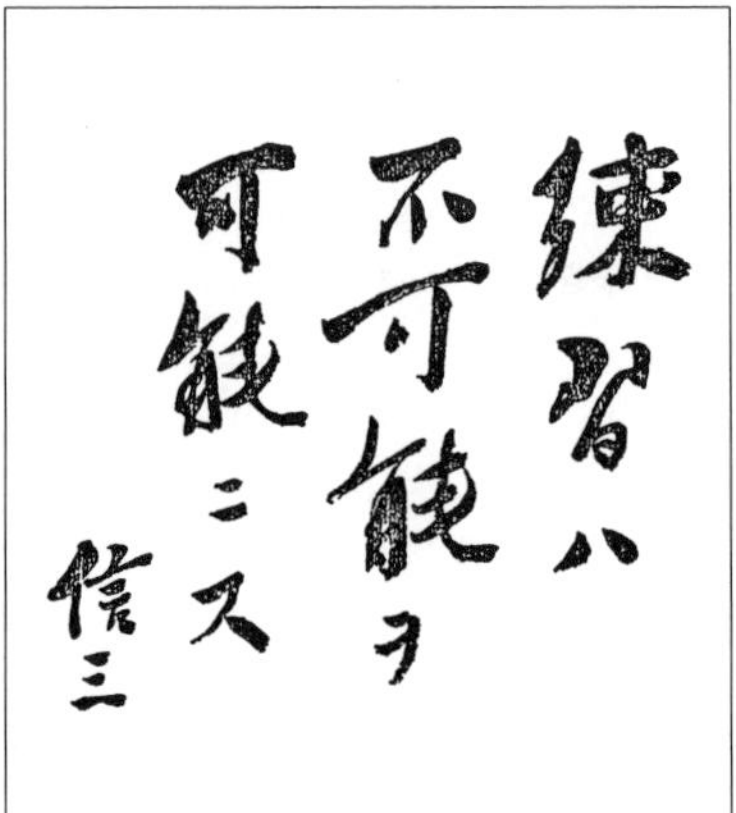

慶應義塾日吉テニスコートにて

練習は不可能を可能にす

スポーツが与える三つの宝——慶應義塾体育会創立七十周年式典記念講演

今日のまことにめでたい、また私どもにとりましては非常な光栄を与えられましたこの機会に、体育に関してなにか講演をせよということでありますから、少し準備をしてまいりました。しばらくご清聴をわずらわしたいと思います。

今日は七十年のお祝いをして功労者を表彰するという企てを前に伺いまして、それは非常な結構なことだ、ぜひやりたまえということを私は幹事のある人々に申しました。ところが、今日ここに出席してまいりますと、私自身もその表彰の名誉を受ける一人でありますので、これは大変妙なことになって、自分を表彰することを大いにやりたまえといったような結果になりまして、ちょっと赤面しましたけれども、しばらくそれはお許しを願って、お招きを受けて今日ありがたくここに出てまいりました。

私は明治四十三年に塾の政治科を卒業した者でありますが、在学中は大変体育会のご厄介になりました。私の後輩のある人々に、君は慶應義塾の何学部を卒業したかといって聞くと、私は柔道部を出ました、あるいは私は蹴球部を出ましたというような答をする人がよくありました。近ごろはもうないかもしれませんが、まだあるかとも思います。私はともかくも四十三年に政治科を出たと言えますから、それほどひどくはないつもりでありますが、しかしもし在学中に塾の体育会というものがなかったならば、私の慶應義塾における生活ははるかに貧弱な、またさびしいものであったであろうと思います。私は皆さんとご同様に慶應義塾を愛し、慶應義塾に深い感謝の念を抱いておりますが、これは塾の学生であり得たということと共に、体育会の会員であり得たために、私の塾に対する感謝、慶應義塾に対する愛情は一層深いものであったことは疑いないのでありまして、これは今日ご列席の皆さんもおそらくご賛成下さることと信じます。

今日、体育会の友人諸君にどういうお話をしようかと考えましたが、やはり私が平生考えておりますスポーツがわれわれに与える三つの宝という私の持論を繰り返して申し上げたいと思います。ところが、その持論を申し上げるつもりでまいりましたけれども、今板倉先生がお話になったことは大部分それと同じことに帰着する、従って重複を免れませんけれども、しばらくご辛抱を願います。

スポーツがわれわれに与えるところの三つの宝というのは何々か。私は第一は練習の体験を持つということが、われわれのスポーツによって受ける最も大なる恩恵の一つであると思います。練習によって不可能を可能にするという体験、これをわれわれは体育会の生活によって得たと思います。

人類の歴史を大観すれば、その歴史というものは、私は大体において不可能を可能にしていく経路である、こう見ることができると思います。過去において現在に至るまで、人類は無数の不可能を可能にしてきたのであります。その不可能を可能にするのはいかにして行なわれるか。

第一は発見発明によります。鳥のように空を飛びたい、魚のように水を潜りたいということは、人類あって以来の宿願でありましたけれども、今日われわれはいかなる鳥よりもいかなる魚よりも、よく空を飛び、水を潜ることができる。これは発見発明によって可能となったのであります。月の世界に遊ぶということは不可能な空想の異名でありましたけれども、今日はもう月の世界に遊ぶということは空想でない、昨日月への飛行から帰ってきたという人に会っても、もはやわれわれはさほど驚かないだろうと思う。私どもはそれを見得るかどうかは別として、ここにおいでになる体育会の若い選手役員諸君は必ずそれを見るでありましょう、月から帰ってきた人という者に会うでありましょう。このようにわれわれは発見発明によって不可能を可能にしてきた。

けれどもいま一つ不可能を可能にするものは何かといえば、練習であります。練習によってわれわれは不可能を可能にする。まあ早い話が水泳で、水泳を習わない者は水に落ちれば溺れて死ぬ、水泳を知っている者は浮かぶ。水に落ちればすぐに死ぬ動物と水に落ちても生きる動物とでは全然別種の生物だと言ってもいいくらいでありますが、練習によってわれわれはそれをなし遂げ得る。また子供が水に落ちたのを見てそれを救うことができないか、あるいは水に飛び込んでそれを救い得るかということは、私は道徳的にみて非常な違いだと思いますけれども、この道徳的な非常な違いは練習によって得られる。

スポーツはこの体験をわれわれに与えるのであります。理屈でも説教でもない、ただ練習によってわれわれは不可能のことを可能になし得る。まあ例えば水泳の飛び込みで十メートルの高さから水に飛び込む。これはいかなる勇士といえども、練習することなしにはできないと思います。百メートルを十五秒で走るということは運動選手の間ではむしろ笑うべきことでありましょう。けれども全く練習しない者は百メートルを十五秒かけても走ることはできない。このように無数の不可能が練習によって可能となるという体験は、われわれの人生において非常な大切な体験でありますが、皆さんは、また私どもは体育会の生活によってその非常な大切な真理を身に備えた、体得することができたと言えると思います。

記念講演中の小泉信三

孔子の論語の初めに、「学んでしこうして時にこれを習う、またよろこばしからずや」(学而時習之不亦説乎)というのがありますが、ならうというのは習という字が書いてあります。習という字は羽の下に白と書く。これはひなどりがはばたいて飛ぶことを習う形を表わしたものだということでありますが、ひなどりは初めは飛ぶことができない。羽をはばたいて幾度か繰り返すことによって空にかけることができる。諸君も体育会の生活において、到底できないと思ったことがただ練習を重ねることによって可能となったという、非常な尊い体験をお持ちであろうと思います。

亡くなった体育会の先輩の一人であります伊藤正徳君は各種の運動に秀でた選手でありました。ことにテニスは当時の日本における一流中の一流でありましたが、この人が後年ゴルフを始めて非常な速やかな進歩で、私はゴルフのことをよく知りませんけれども、ゴルフを始めて一年でハンディキャップ・セブン、これは驚異的な進歩ということでありますが、驚異的な進歩を示した。人がさすが伊藤の運動神経は違うといってほめました時に、伊藤君ははなはだ不満で、私に向かって、自分のゴルフの進歩は運動神経のためじゃない、自分が練習したからだ。ただどこまでも厳しく、規則正しく、また油断なく練習を続けるという習性は、塾の体育会時代に得たものだということを伊藤君は述懐したことがありますが、これは私は今日おいでの皆さんはみなうなずかれることであろうと思います。天才とは異常の努力をなし得る人が天才だという言葉がありますが、体育の問題につきましても、われわれは器用とか無器用ということは問題でなく、いかによく練習に耐え得るかということが大切である。それはまたわれわれの生涯にとっても極めて貴重な真理であると思いますが、これを皆さん、ことにここにおられる若い学生諸君は、体育会の生活によって、この尊い真理を身につけることができるということは、よくおわきまえになっていただきたいと思います。

先輩の一人としてそれを言いたいと思います。それが第一の宝です。

第二の宝は今板倉さんのお話になったフェアプレーの精神です。フェアプレーというのは何かといえば、正しく戦え、どこまでも争え、しかし正しく争え、卑怯なことをするな、不正なことをするな、無礼なことをするな、こういうことです。フェアプレーという言葉は英語でありますが、日本には昔から〈尋常の勝負〉という言葉があり、また負けっぷりがいいとか悪いという言葉がありますから、フェアプレーということは日本人によくわかる。しかしわれわれはやはりこの体育会の生活によって、フェアプレーがいかに尊いものであるか、またアンフェアなプレーを憎むという気持は、私自身について言えば、やはり体育会の生活の間に教えられたと思います。今日ここにお見えになっている学生諸君は後年諸君が年をとられてから、体育会にいた間に何を身につけたか、何を学んだかといううちに、必ずフェアプレーの尊いことを知るということが、その一ヵ条であると私は確信します。

英語で「ビー・エ・ハード・ファイター・アンド・エ・グッド・ルーザー」(Be a hard fighter and a good loser!) ということがありますが、ハード・ファイターというのはあくまでも果敢に戦う人、そしてグッド・ルーザーというのは負ける時に潔よい人ということであります。果敢なる闘士であっていさぎよき敗者である。これは諸君が体育会の生活によって身につけられる最も大切な宝を私は三つ数えますけれども、三つのうちの一つとしてご披露したい。

十年ほど前に私はロンドンにおりましたが、ちょうどダービーの競馬があって、そこに今のエリザベス女王の持ち馬が出場する、女王は非常な馬好きで、また競馬に熱心な方であります。ところがそのときに出場した騎手で、サー・ゴードンという有名な非常な人気のある騎手が、これは女王の馬に乗らないで他のサッスンという人の馬に乗って、それが一着になった。国民は女王の馬が一着になり得なかったことを惜しみながら、この人気のあるサー・ゴードンの乗った馬が一着になったことを大変喜んだ。そのときに女王は熱心に自分の馬の勝利のために応援しておられましたが、勝負がついて自分の馬が負け、サー・ゴードンの馬が勝った、そのサー・ゴードンをロイアル・ボックスといいますか、皇室のさじきに招かれてそしてそこで握手を賜わった。その写真が出ておりまして、クィーン・ザ・グッド・ルーザーと書いてありました。潔よく敗れてクィーン、グッド・ルーザーと書いてありました。敗れていさぎよきクィーン、グッド・ルーザーというのはそういうことであります。皆さんもそれを体育会の生活のうちに身におつけになることを切に祈ります。

三つの宝の第三は友です。これも今板倉さんのお話にありましたが、友です。私自身も自分の過去現在を顧みて、私の最も良き友を体育会の生活のうちに得たことを深く感謝するものであります。諸君が何を言っても誤解しない友、また何でも言える友、喜びを分かち、また苦しみを分かつ友、これを持たれることは諸君の生涯の宝でありますが、運動競技の体験を共にした間に得る友というものはこれは格別であります。花や木は太陽の光を得て育ちますが、われわれの心に持っておる良いものはやっぱり良き友を持つことによって育つ。ひまわりという花は太陽の方に常に顔を向けるということでありますが、ひまわりに限らず、花も葉も日の光を得て植物は茂る。それと同じように、われわれの心に持つ良きものは、良き友を得て茂るのであります。その友を得る機会は人生のさまざまな場面においてありますけれども、運動の練習を共にした友、共に試合に出た戦友とも言うべき友、あるいは敵味方となって争ったその相手の人々、それはわれわれの生涯にとって最も大切な友になり得るのであります。

私は慶應義塾体育会の生活を持ったことを、やはり過去を顧みて非常なしあわせだったと思いますが、そのしあわせを数えれば私はこの三つの宝を得た、そしてまた皆さんもそれを得られた、ことに若い諸君は今それを得つつある、得つつあるその宝を大切になさるようにということを申し上げたいのであります。今日はまことにありがとうございました。

（慶應義塾日吉記念館での講演より　昭和37年10月28日）

体育会と私

五十年前の塾生時代、私も体育会の選手であり、役員であった。私は塾に学んだことを幸福としているが、体育会生活はこの幸福をはるかに大きなものにした。体育会生活によって私の得た幸福は何か。

友を得たことはその一つである。私は慶應義塾で多くの友を得たが塾で得た友の中でも体育会で一緒に練習したり試合に出たりした友との交りは格別なものであるといえる。私が特に深く関係したのは庭球部であったが、庭球部のものは、塾を卒業すると皆な規定のネクタイを作る。紺と白の斑らに銀糸でテニスコートのラインを縫ったもので、何かテニス関係の集まりがあると、人々はこのタイを締めて出る。好い年をした私もそれを締めて出る。

他の各部でもそれぞれ同様のことをしているであろう。子供らしいともいわれるだろうが、これも大学で運動を一緒にしたもののみの知る人生の楽事といえるであろう。

練習というものの価値を知り得たことは、他の一つである。人類の歴史を顧みると、今日までに無数の不可能が可能にされて来た。それは如何にしてか、といえば、一つは発明により、一つは練習によってである。練習によって不可能を可能にするということは、人間生活のあらゆる部面にあることであるが、運動競技の上においてそれは最も顕著に知られる。

たびたびいうことだが、全く野球の心得のないものの前にごくゆるくゴロをころがして取らせると、彼れは必らず球のころがったあとの空気を両手でつかむ。一事が万事である。

かく練習が不可能を可能にするということを痛切に知り得たことは、私の体育会生活からの大きな所得の一つであると私は常に感ずる。

昨年中で私の特に見て感心したのは、ボルショイ舞踊団の演技とベルリン・フィルハルモニイ管絃楽団の演奏とであった。両者ともに錬磨に錬磨を重ねた技芸であってかかる技芸に始めて備わる気品と光沢とを私は十分に感受した。これを見て私は日本のスポーツ選手の多くのものがまだまだ練習不足の憾みがあることを感じた。一心不乱の精進がいかなる成果を生み得るかということについて、彼等は痛切なる教訓を与えたと思う。ここに吾々として更に限りなく学ぶべきものがあると感じたのである。

それと干聯《かんれん》するが、私は体育会生活で多少忍耐の習性を養い得たと思う。その忍耐は二つに分けられる。肉体的苦痛に耐える忍耐、危機に臨んで失望しない忍耐がこれである。誰れもこの忍耐力の大切であることを知っている。しかし理窟でそれを説明し体得させることは出来ない。実地に当って身につけるより外はないのである。私は特に自分は忍耐心が強いとは思わないが、しかし、それが皆無であるとも思わない。その幾らかの忍耐力は少年時代の体育生活に負うところがある。私は選手時代特に練習に熱心で、或る期間冬の朝、両手を真赤にしながらテニスコートの霜除けの幕を捲いて片づける仕事は私の役であった、命ぜられたのでなく、自分が進んでした。私はどちらかというと安楽をよろこぶ性質であるから、選手生活をしなかったら、無精な青年で終始したことであろう。自分の忍耐心がすべてスポーツのお蔭であるといえば勿論いい過ぎであるが、それに負うところが多いということは、たしかに間違いなくいえる。

今日の選手諸君も年を取った後はきっと私と同じ感想を抱くにちがいないと思う。

(『体育会誌』復刊第7号　昭和32年5月)

人生と練習

この頃あるところで「人生と練習」という題で話をした。ここでも同じ主題について語ってみたいと思う。

練習とはいうまでもなく、野球の練習、ゴルフの練習、ピアノ、ヴァイオリンの練習をするというその練習である。相撲や柔道や日本の芸能では練習といわず、稽古というが、つまり同じ事で、要するに一つの事をくり返して心身をそれに慣れさせて、いままで不可能であったことを可能にすることに外ならぬ。

孔子は学ンデ而シテ時ニ之ヲ習フ、マタ説《ヨロコ》バシカラズヤといった。この習うという習、即ち〃羽の下に白〃は、雛鳥が羽ばたいて飛翔を習う形を表わしたものとかいうが、この習が即ち練習の習である。この練習ということによって人間の能力が高められ、不可能が可能になって行くそのことに、私は従来、格別の興味を抱いている。

人類の歴史は、さまざまの見地から見ることが出来るが、大観すれば、それは人類が無数の不可能を可能にして行く道程と解することが出来よう。その、不可能を可能にする手続を、私は二つと見る。一は発明により、一は練習によるものがそれである。そして、今日までに無数の不可能が可能にされて来たし、今後もされて行くであろう。例えば、鳥の如く空を飛び、魚の如く水をくぐるということは、人類というものがあって以来の宿題だといえる。しかも今日われわれは飛行機により、潜水艦によって、どんな鳥よりも、どんな魚よりも、よりよく空を飛び、水をくぐる。月の世界に遊ぶということは、久しく実行不可能の空想の別名であった。しかし、今日われわれは昨日月世界から帰って来たというものに出会っても、もはやさほどは驚かぬ段階に達している。

このように、発明によって不可能が可能となって行くその傍らに、また無数の不可能が練習によって可能にされてゆく。現に飛行機によって空が飛べ、潜水艦によって深海にくぐるといっても、ただそこに飛行機や潜水艦があっても、われわれには空も飛べず、水もくぐれない。それをするには非常にきびしい練習をしなければならぬ。二年前、私はアメリカで宇宙飛行の研究所を参観することを許されたが、そこにはわれわれが見ても、きいてもわからぬような複雑な機械や装置が設けられているとともに、それによって宇宙に飛ぶ飛行士は、非常に困難且つきびしい訓練をそこで受けるのである。その練習によって不可能が可能になる。そのことをもう少し語ってみたい。

早い話は水泳である。生まれたままの人間は、水に落ちれば、溺れて死ぬ。水泳を練習したものは、ほとんど無意識に手足を動かして浮かぶ。この練習をすると否とによって、人は浮かびもすれば溺れもする。水に落ちれば溺れて死ぬ動物から、浮かんで生きる動物になるということは、考えてみれば非常なことで、生命というものが大切なものなら、これは別種の生物になるというほどの飛躍であるが、人類をしてこの飛躍をなさしめるものは練習である。練習の有無によって人は生きもすれば溺れもするとなったら、それはイヤでも考えなければならぬ。さらに目の前で幼児が水に落ちて死にかけるのを、黙って見てなければならないか、あるいは水に飛び込んで救助するか、それが出来るか、出来ないかは、これは道徳的にも非常な違いといわなければならぬ。

このように、練習によって不可能が可能になる実例は、われわれの身辺を見回せばほとんど無数である。例えば、野球の心得のない人の前に、静かに球をコロがせば、たいていの人は、申し合わせたように、球の通過したあとの空気を両手でつかむ。もしこれが常人であるとすれば、非常な速さで飛来する球を、バットという棒で打ち当てるということは、超人の仕業といえるであろう。打つ方もそうだが、投げる方も大変なことである。野球の投手板から本塁までの距離は六〇フィート余、約十間であるが、その十間余の彼方にあるホームベースの幅が一フィート七インチというから一尺五、六寸であろう。ゴロを捕ろうとして両手で空気をつかむ普通人から見れば、球を十間余の彼方から投げて、所定の高さでこのベースの上を通過させるとは思いもよらぬことであろう。況《いわん》やその球を、思う通り真直ぐにも飛ばせば、自由に途中から右にも左にも曲がらせるとあっては、ほとんど信じ難いというより外ないであろう。しかし練習は、われわれにこの不可能を可能にするのである。

スポーツのことばかりではない。有名な物理学者の故寺田寅彦の書いたものに、天文学者が天体を観測するのに、非常な速さで望遠鏡面を飛過する天体を目で捉えることは、初めは容易でないが、練習によって、やがてゆっくりそれを見て、カードに記入することが出来るようになるという例を語ったものがあったと記憶する。学問研究の作業の上でも、練習によって、この通り不可能が可能になる例は無数であろう。

練習は、このように、不可能を可能にする。そこでいいたいのは、それは普通にいう肉体的能力のことのみではなく、われわれの精神的能力もまた当然練習によって高められるということである。わかりやすいから、またスポーツの例を引く。水泳の飛び込みについて見る。飛び込みはたしか一〇メートルの高さから行うと承知している。しかし、どんな豪傑でも、初めて高さ一〇メートルの台の端から脚下の水を見下せば、初めは脚がすくむであろう。一〇メートルの高さから落ちた物体が水をたたく力は、相当はげしいもので、飛び込み選手がかぶっている布の帽子が、だんだん練習を続けている間に裂けてボロボロになるという話をきいたことがある。それはとにかく、あの高さから水へ飛び込むということがいかにはげしい衝撃であるかはいうまでもないことで、天性豪胆な人でも、初めてあの飛込台の端に立って平気だというものは恐らくあるまい。ところが、練習をした青年たちは平気である。男子ばかりではない。妙齢の女子も平気である。そうしてあの高い台の端から身を躍らして、姿勢をくずさず、最も水の抵抗の少ない形、即ち最も美しい形で水中に突入する。飛込台の端に立って、足がすくんですわり込んでしまうのが凡人なら、彼等はみな非凡人である。台の上にすわってしまうのが常人なら、彼等はみな絶倫の勇者である。その勇気は、なるほそどごく単純な勇気かも知れないが、しかし、恐れに屈しないという、立派な人間の美徳である。そうしてこの徳は、かく練習によって養われ、もしくは高められることが明らかである。その限りにおいて、練習は道徳上にも不可能を可能にするのである。

もう少し引例をひろげてみる。

いまはどうか（多分同様であろう）、もと海軍軍人は「定刻前五分」ということをいい、それを励行した。これは軍艦の出港入港、また海上戦闘において時の寸秒を争うところから、特にきびしく訓練したものと思われるが、海軍軍人は時間の約束を守ることが特に厳格で、会合などの場合、決して定刻に遅れないことに、私は心づいていた。多年の訓練により、彼等は格別の努力なしに punctual であったようにみえる。ところで、定刻を守るということは、広く約束を守ることの一種である。そうして約束を守るということは、即ち信義を守るということであり、信義を守ることはおよそ道徳の根本である。いまここに、それ故、道徳の要義は練習にあるといったら、それはいかにも奇を衒《てら》ったようにきこえるかも知れないが、前段の推究の過程には遺漏はないつもりである。練習によって水に溺れたものが水に浮かびうるように、練習によって例えば一〇〇メートル競走十五秒台を十二秒台もしくは十一秒台に縮めうるように、例えば困難を避けず、危険を恐れず、自ら信ずるところをいい、いうところを行う能力もまた当然練習によって高められるといいうるはずではないか。

こうして推究してくると、練習ということがわれわれの人生にいかに大きな意義を持っているかが理解されると思う。学ンデ而シテ時ニ之ヲ習フ、マタ説《ヨロコ》バシカラズヤと孔子はいったが、その習は即ち練習の習であるとすれば、古人の言、実に吾を欺かずの感なきをえない。

ただ練習ということは、決して楽なものではない。それは努力と辛抱とを必要とすること、水泳の練習一つをとってみても、十分明らかであろう。従って努力と辛抱とをきらうものには、真剣な練習は出来ない。そのような練習ぎらいは、いつの世にもあるが、ただ終戦以来、これに民主主義の名をつけることが行われ出したようにみえるのはどうであろう。つまり努力しないこと、辛抱しないこと、一般に怠けること、楽をすることが民主的だと、あるいは誤解し、あるいは誤唱するのである。民主主義はしばしば安逸の口実にされた。戦後の日本に水火の災害、鉄道船舶等の事故が頻発したについて、私はいわば「民主的」弛緩に帰すべきものが少なくはなかったかと疑う。日本人のスポーツの成績不振の中にも同じ原因に帰すべきものは決してないといわれない。私の見るところ、ある種の競技種目の不成績は、たしかに練習不足――先人に比しての明らかな練習不足――の結果である。

もし前に述べたように、ひとり肉体的能力のみでなく、われわれの精神的能力もまた明らかに練習によって高められるとすれば、練習軽視の風は――もしそのようなものがあるなら――民族の明日のため十分相警めなければならぬものである。一つ日本人としても考えなければなるまい。

（『毎日新聞』昭和38年1月1日）

民主的弛緩

春の六大学野球は立教の完全優勝に帰した。個々の仕合の内容については、なお批判の余地もあろうが、何といっても十戦十勝は素晴らしい。それは十分偉業と称するに足るもので、遠く昭和三年に慶應がその記録を立てて以来、三十年にして始めてそれがくり返されたという事実が、そのいかに至難のことであるかを語ると思う。

三十年前、慶應が始めて十戦十勝したとき、チームの監督は有名な腰本壽《ひさし》であった。若い教授の一人であった私は、彼れと親しい間柄であったが、豪邁なる腰本は、ただ一回の完勝をもっては満足せず、更に幾回もそれをくり返すことを期して、選手のユニフォームの靴下に、横に赤い一線を入れることにした。今後完全優勝を重ねる毎にその線をふやして行くというのである。しかし、それは三十年後の今日までまだ果たされていない。

その当時の話で一つ憶い出されることがある。十戦十勝を成し遂げると、間もなく腰本は、見学のため助監督を従えて渡米した。アメリカの野球を視て、日本の大学野球の今一段の進歩に貢献したいというのであった。その時彼れが帰って来て、帰朝土産として唱えたものは、科学的練習法と称するものであった。練習はただ長時間、猛烈にすれば効果があるというものではない。それは短い時間内に、集中的に、合理的になされなければならぬ。アメリカの大チームではすでにみなそれを実行しているというのであった。

私はこの腰本の説に耳を傾けた。当時私は、野球部ではないが、或る運動部の部長であった。私は選手の練習を激励したけれども、他面、学生選手があまりにも練習に時間を取られることに対しては、懸念を持っていた。もし腰本流の科学的練習法によってその時間を短縮し得るなら、是非ともそれを試みなければならぬ。私はそれを選手等に告げて、一つ研究してもらいたいといった。ところが、その部の選手等――殊に古参のもの等は、それに反対して、それを試みようとしなかった。私は彼等が反対したその反対理由をよく憶えている。こういうのである。

仕合の勝敗で最も大切なのは、ピンチ（苦境）に堪える力である。仕合が苦境に陥ったときの精神的苦悩と肉体的困憊《こんぱい》、これに打ち克つものは理論ではない。それはただ、厳しい練習によって平生から心身を苦しめて置くこと以外にはない。科学的練習法は無論結構だが、問題はそれだけでは解決しない。われわれは依然として長時間の猛練習を廃する訳には行かぬ、云々。

私は少し頑固な思想だとも思ったが、しかし、それに相当の理由のあることを認めて、強いていわなかった。腰本自身の、科学的練習の実績に対する感想は、その後きく機会を得なかったが、仕合の結果に現れた限りにおいては、それは必ずしも彼れの期待を満たすものではなかった筈である。

この結果を、練習法一つの責めに帰するのは無論当らないが、しかし、右に他の運動部の選手等が主張した、長時間の厳しい練習が、その長時間と厳しさそのものの故に価値ありとする説にも、相当理由のあることを認めなければならぬと思う。

この感想は近頃外国芸術家の演技に接して、更に新たにされた。私は昨年の秋、ボリショイ・バレエを新宿コマ劇場で見て驚いた。次いでベルリン・フィルハーモニイ楽団の演奏をきき、ニューヨークシティ・バレエ団の舞踊を見て、更にまた驚いた。無論私に専門的のことは何もいえないが、それ等の凡べてに共通するものは、一種名状し難い気品と光沢であって、それはただ、極度の錬磨を重ねた技芸にのみ備わるものであることを、私はあらためて感じた。そうしてこれに比べると、今日日本の多くのスポーツの練習なんかあまいものだと思わざるを得なかった。

かつての帝国海軍の将兵は、土曜も日曜もない猛訓練を続け、相励まして月月火水木金金と称したという。それは一場の昔話で、今日は論外であるが、しかし厳しい訓練の価値は、今も忘れらるべきではない。旧軍隊における法外苛酷な強制が廃せられたのは、当然で、喜ばしいことであるが、それとともに人間活動のあらゆる方面に弛緩が起り、なんでも気ままにすることを民主的だとする風は、警戒を要する。民主主義という名を懦弱と怠慢の口実にしてはならぬ。ボリショイやベルリン・フィルハーモニイやニューヨークシティ・バレエの演技は、日本人に対する厳しい実物教訓であった。

誰だって安楽を望まぬ人はないが、二つ好いことはない。勝手気ままに飲食をして、夜ふかしをして、程よく練習して、それで好い成績を挙げるというような、そんなウマイ話はあり得ないのである。

民主的弛緩に対する民主的緊張。一般にもっとこのことを考えるべきではないか。近年陸上海上における事故の頻発という現象に対しても、私はそれを思う。

（『産経時事』昭和33年6月30日）

理論研究の必要

テニスは最も上達の遅い競技である。何故だろうか。私の見るところではテニスの理論が確立されていないという事がその第一の原因である。

どうせ駄目だと諦めている人はそれで宜しい。諦められない向上心の強い人に向って私は力説する。テニスの理論的研究に精進せよ、理論に基づいた練習法を確立せよと。

今の選手諸君を見ると諸君は先ず学生として許さるる限りの時間を練習に割いている。練習に今以上の時間をかけると言う事は先ず望み難い。そうすれば残った途はただ一つしかない。理論的研究をもって練習を補う事、否な理論的研究に基づいた新しい練習法を確定する事これである。而してこの点についてはまだまだ研究の余地がある。諸君も随分勉強しているが、まだまだ勉強が足りないと思う。

日本のテニスは行き詰ったと言う者がある。或いはそうかもしれない。然らば日本人は米人、仏人その他に比して著しく体力が劣っているであろうか。テニスに関する限りにおいては私はそう考えない。よしまた劣ってるにしたところで然らばと出直おして人種改良に取りかかろうと気楽な事も言っていられないからその足りない体力をもって如何にして西洋人に打ち克つべきかを工夫しなければならぬ。工夫即理論的研究である。コオトの上の練習は無論大切である。しかしコオト外の苦心はそれと同様に或いはそれ以上に大切である。

然らばテニスの理論的研究とは如何なるものであるか。私は理論を分けて二つにする。一つは練習法の理論、一つは仕合における戦術理論である。而してこの両方面において未研究の問題は山の如くある。もし塾の庭球部からこの両方面の優れた理論家が出現すれば技術の進歩は五割方促進されることを疑わない。

練習法の理論についてどんな理論的研究が必要であると云うか。

試みに一、二を挙げよう。第一にどうして病気を患らわないようにするかである。テニスのような持久力を必要とするゲエムで健康を害したらそれだけで半分の負である。この平凡な事が意外に閑却されている。外の点では極めて忠実な諸君が病気の事は殆んど考えていない。合宿練習中に誰れは風邪を引いた、誰れは腹下しをした、誰れは捻挫をした、誰れはマメを潰したと丸で天災にでも遭ったように致し方ない事のように語り合っている。これでは選手の責任を果したとは言われない。幸いにマメの処理については山岸君の綿密な研究がこの部報に載ったことがあるがその他の病患についてもこれを予防するため同様の研究をして且つ研究の結果を実行しなければならぬ。

第二に冬期の練習である。折角秋の終りまでに調子を出してさて冬の間丸きり練習を休むという

庭球部員たちと

ことがどれほど不経済であるかはマニラ遠征した山岸、志村二君が如何によいコンディションで春のシイズンをスタアトしたかを見れば思い半ばにすぎるであろう。然らば冬季練習の出来ない期間は何をして体力、腕力、脚力等を維持すべきであるか。規則正しく体操を続けたらどうか、ランニングの練習を続けたらどうか、(佐藤次郎君はこれをやったと聞いている。) 或いは毎日ラケットを振ったらどうか。この点については今日何も定説がないらしい。体操もよかろうけれどもツマラナイくらいの事で放ってあるのではなかろうか。ゴルフ練習者がリストを強くするために如何に基本的体操に骨折るかを見ればテニスの選手は怠けていると言われても致し方あるまい。

これは僅《わず》かに一、二の例を挙げたにすぎな

い。諸君が少し考えて見れば、研究すべき問題は数限りなくあるであろう。

戦術理論の方はどうか。

第一に当りの出ない時にどうするかである。当らないので負けたという事はよく聞くが考えて見るとこんな馬鹿気た事はない。技術が及ばないで負けたというなら致し方もないが、技術はありながらそれを発揮しないで負けたというのでは申し訳がない。試合当日、当る当らないは色々の原因によることであるが先ず第一にこれを天運の如くあきらめる事を止めなければならぬ。当らないという事は常に起り得る事であるから、その当らなかった場合に如何なる処置を取るか予《あらかじ》め平生から考えて置くべきであろう。当らないから仕方がないという事は子供の言草である。これは更にスランプに陥った場合にも適用される。スランプが来るという事は判っている。来た時はどうしてこれを脱するか、スランプを全然避けるという事は出来ないにしても、早くこれを脱出するという方法はある筈である。小説家や美術家が感興が起らない場合にどうするか。感興が起らなければ無理にも感興を起こさなければならぬ。漱石全集にその事が書いてある。これも諸君の参考すべきことであろう。

マッチポイントをどう処理するか。これも更に多くの研究を要する点であろう。また一般に如何に有効にポイントを稼ぐべきか。これも充分考えて見なくてはならぬ。

ストロオクアナリシスを見ればマッチに負けてポイントに勝ち或いは反対にポイントに負けてマッチに勝っている場合が屡々《しばしば》ある。これは無効のポイントを取り大切のポイントを失っている事を示す。ただ見ていると一方がしきりにファインプレエで得点を重ね他方は一向ジミで圧迫されているように見えながら最後の勝をしめる場合が屢々ある。戦争でよくBattleにまけてWarに勝つということをいうがテニスにも無論それがある。豈《あ》に考えずして可ならんや。

凡《す》べてこれ等の点について諸君は自ら充分の工夫を廻らすと共に、先輩の苦心に学ぶところがなくてはならぬ。陸軍参謀本部で盛んに戦史の研究をするように、庭球部においても戦史の研究を是非盛んに起こさねばならぬ。それをするには過去の記録をたどると共に現在行われつつある各種の仕合を充分の注意と批評眼とをもって見なければならぬ。他人の仕合を見ることが如何に為めになるものであるかは大家の間には既に定論があるのに年少の諸君は割合にこれを好まないように見える。二、三時間の無意味なるプラクチスよりも、一つの仕合を批判的、解剖的に観察する方が遙かに多くの効果を齎《もたら》すであろう。前記の漱石先生も感興の起らない時は他人の作品を読むといっている。スポオツにおいても同様の事が多かろうと思う。

或る学者の学問を怠らぬための座右録に「常にそれを思う事によって」というのがある。テニス上達の途もただコオトの上で球を打つばかりが能ではない。「常にそれを思う事によって」発展の途は開かれる。

(「慶應義塾庭球部部報」昭和6年春第10号)

猛練習とシゴキ

スポーツの猛練習は大賛成であるが、いわゆるシゴキは病的、変質的で、スポーツを汚すものと思う。

猛練習は必要である。練習は不可能を可能にする。人類の歴史は不可能を可能にする経過の記録であるといえる。そうしてそれは、一つは発明により、一つは練習によって行われる。例えば高さ十メートルの台から水に飛び込むことは、経験がなければどんな勇士もシリ込みする。しかし、練習すれば、妙齢の女子もたやすくそれを幾度でもくり返すことが出来る。

この不可能を可能にする体験こそスポーツがわれわれに与える最も貴重のものであると思う。自分のことなどいう価値もないことだが、少年の日のことを回顧すれば、多少とも困難や障害に立ち向かう気力は、スポーツの練習や試合の間に体得するところが多かったと思われる。

けれども、不可能を可能にすることはなま易しいものではない。それを可能にするものは熟練であるが、熟練の前には忍苦がなければならぬ。忍苦をきらうものはついに熟練に達することは出来ない。そこで叱咤激励ということも当然必要となる。運動部生活をしたものの間に、叱咤激励し、叱咤激励された体験を尊重し、あるいはこれをなつかしむものがあるのは当然といえる。

けれども、叱咤激励は弱いものイジメではないし、またあってはならぬ。それはどこまでも共同の目的に向かっての精進であり、鞭撻という言葉をつかうとすれば、それは愛の笞《しもと》でなくてはならぬ。

きくところによれば、今日の一部の運動部に行われているというシゴキには、この本義を忘れたものがあるのではないか。昔の軍隊では古兵が抵抗力のない新兵をイジメることが行われ、また陸下の兵を私用に使役して、下着を洗濯させたり、靴をみがかせたりすることも当然とされたという。今回一部の運動部員の間にはこの新兵イジメに似たようなことが行われているのではないか。試合場などに行って見ると、自分の使う用具を後輩部員に持たせて歩いたり、過度に誇張された敬礼をさせたりしているものを見かけるが、それはただ滑稽というだけではなく、スポーツを毒することはなはだしきものである。私は猛練習大賛成者の一人であるが、弱い者イジメに類する病的蛮習の速かにスポーツ界から一掃されることを願ってやまないものである。

(『報知新聞』昭和41年1月1日)

テニスの練習

テニスの練習については、昔部報に書いたことがある。感ずるところがあってもう一度書く。テニスは上達に時のかかるスポオツである。各種の競技のうちには随分上達の早いものがある。水泳の如きは代表的なもので、水泳の名手には年の若いものが多い。先日も水泳部の選手に会ってきいて見ると、大体、二十五歳くらいで上進は止まってしまうらしい。野球などもかなり年少で傑出したものが出ることがある。中等学校の花形で、大学へ入ってすぐ役に立つのが珍しくない。テニスにも時々早成の名手があるが、概していうと一流になるまでに年月がかかる。

何故であるか。研究して見ると、色々の原因があるであろう。水泳などは、肉体の少年的柔軟性がものを云うらしい。テニスはもっと複雑なものを必要とするのかも知れない。兎に角、もどかしいほど上達が遅い。これをもっと速くする工夫はないものだろうか。吾々テニスに関係しているものはこれを考えて見る必要がある。

僕にも格別名案はない。ただ第一には練習をまじめにやるということである。これは誰れにも分っている筈だが、各種の運動の中で、テニスの練習が一ばん遊び半分になり易く、だれ易いということは注意を要する。これはテニスが一番遊戯性に富んでいるからだと思う。テニスが各種のゲエムの中で、一番娯楽的な遊戯になり易い。それはクラブテニスの隆盛ということをもって見ても分る。籠球やヴァレエボオルやラグビイ、ソッカアなどをクラブを作ってやるというものは割合に少ない。あれは余ほどの物好きか、熱心家である。クラブテニスの隆盛は結構なことである。しかし、紅茶でも飲みながら社交半分、運動半分というテニスと、庭球部選手の当《ま》さに期すべき心身の錬磨とは、自らその間に相違があるべき筈である。かく娯楽としても適している競技であるというところに、テニスの選手の警戒を要するところがある。クラブなどに行って見ると、表情のたるんだ、謂わゆる社会人のテニス好きというタイプが、ゲエムのあとのビイルのうまさなどを声高に、言葉数多くしゃべり合いながら、競技を楽しんでいるのを見ることが屢々《しばしば》である。決して悪いことではない。否な、これ等の社会人にとっては最も健全な娯楽に属するものであろう。しかし学生選手のテニスは違う。コオトを謂わば心身鍛錬の道場と心得べき学生選手のテニスはこれとは違う筈である。

そこで僕の言いたいのは、テニスという競技は面白いために練習が遊戯的になり易い。即ち一球一球研究的に打つよりも面白く楽しく打っている時が多い。ここを警戒しなければならぬというのである。昔、僕が部長の時、冬の間、全然体を休めて、技術の低下を黙って見ているのは馬鹿げているから、冬、コオトの使えない間は、ランニングとか体操とかをやって身体の錬磨を続けるべきではないかと言い出したことがある。誰れも皆な尤《もっと》もだと思ったらしい。しかし結局続かなかった。理由は何でもない。ただ面白くないというだけである。この反面に面白いことだけをやりたい、という人間共通の心理が現れている。これは決して無理ではない。しかし一芸一道の奥儀を極めようというには、どうしてもここを更に一歩踏み込まなくてはなるまい。

それには先《ま》ずコオトにおける練習から遊び半分という気分を厳重に一掃して何事も忽《ゆるがせ》にしないという習慣をつけて欲しい。アウトボオルを「アウト」と呼んでそのまま打ち返したり、フットフォルトを平気で犯したり、それを気が着いているものも黙って傍看していたり、コオトの掃除を怠ったり、ネットやその他の用具の破損した場合に、すぐに修繕せずにそのまま使用したりすることは、皆な互いに厳しく戒め合ってやめなければいけない。塾の庭球部はコオト内外の規律の厳正な点において、恐らく各大学中第一に位すると思うけれども、まだまだ充分でない点が多い。謂わゆる庭球王国とかの体面上、是非とも気を付けて貰わなければならぬ。それから塾の選手の中に、大切な対校仕合にハチマキをして出るものがあるが、あれは感心しない。実用かまじないか知らないが、どっちにしても止すがよい。ただの労働をするのとは訳が違う。適当なキャップを冠るとか何とか外に方法があるであろう。学校を代表する選手には自ら選手の品位というものがある筈だ。例えばこの方が実用があるといって野球のバッタアがハチマキでボックスへ現れたら如何。その可笑しさはすぐ分かるであろう。仮りに実用上、ハダカでやった方が動作が軽快にできるからといったら諸君はハダカでコオトへ現れるか。それはやらないだろう。要するに礼儀というものは常に多少は窮屈なものだ。そうしてその窮屈なところに充分の意味があるということを考えなければならぬ。これも序でだから諸君の一考を促したいのである。

（「慶應義塾庭球部部報」昭和16年第26号）

慶應義塾日吉テニスコート脇にある「練習ハ不可能ヲ可能ニス」の碑。下は碑文。

小泉信三先生は明治二十一年五月四日東京三田に生れ昭和四十一年五月十一日急逝せらる　慶應義塾普通部二年のとき庭球部に入り　五年生にして全塾第一位の選手となり　大學に進んで主将となる　その豪快なるフォアハンドストロークはつねに敵の心胆を寒からしめたり

後に大學教授となり　大正十一年庭球部長に就任しその在任十年間に義塾庭球部が名實共に日本一のチームとなり　爾来庭球王國と稱せらるゝに至りたるは　すべてこれ先生の指導によるものにして　庭球部先輩後輩の永く忘るべからざるところなり

昭和八年塾長に推されて在職十四年　學事の興隆に努むると共に体育の振興に心を配ること極めて切なり　庭球部を生れ故郷と稱し　とみ子夫人と共に終生その故郷と故郷の人々を愛して已まざりき

我等庭球三田會員は　今その高風を仰ぎて　追慕の情に堪えず　こゝに一同相諮りこの碑を建て　先生の平生好んで口にせられし言葉を刻み　永く選手部員激勵の資とすると共に故人を偲ぶよすがとするものなり

昭和四十二年三月二十六日建之

◆コラム◆

花と優勝カップ

石井小一郎

小泉信三先生の『我が日常』という随筆集に「戦時の花」という小篇がある。それは、昭和二十年一月二十六日の暮れ方、先生が慶應から一旦帰宅したあと、またゲートルを捲《ま》き直し、外套を着て三田綱町から六本木の花屋まで歩いて、花を買いに行った時のことを書いたものである。

この随筆は大変好評を博し、例えば、福原麟太郎氏は『小泉信三全集』の月報で、「私は先生の書物の形で出版された恐らくすべての文章を読んでいるが、〝戦時の花〟という小篇を最も好ましく、その随一であると思う。すでに荒涼たる戦時の東京の街の冬のある日の暮れ方、夫人の誕生日を祝ってあげようとされて自ら花屋を探して花束を買って帰られるという話に過ぎないのだが、情景に、しみじみしたものがあり、実に上出来である」と言っている。

小泉先生自身は、「戦争のこの危急の段階に妻の誕生日に花屋に花を買いに来たということが何か攻撃を無視した行為のように思われて、それが愉快であった」と随筆の中で語っている。この時、先生は五十七、夫人は五十であって、買い求めた花は、水仙と、白と淡紅《うすべに》の花をつけたあらせいとうと、淡《うす》紫《むらさき》の小花のむらがり咲くエリカとであった。

先生は昭和四十一年五月に急逝されたが、その翌年の夫人の誕生日に、小泉家に、水仙とあらせいとうとエリカの花束が届けられた。先生の身替りとなって、誰がこの心きき たる贈りものをしたのであろうか。それがなんと、皇太子妃美智子殿下であったのである。むろん、妃殿下は皇太子様と御相談の上で、今は亡き恩師のために、その夫人の誕生日を祝われたのであろうが、その細やかなお心遣いに接した夫人の感激は察するに余りある。

その後、この心暖まる贈りものは毎年続けられ、今年もまた、可愛いエリカの花と香り高いあらせいとうが、夫人の八十歳の誕生日の部屋を飾ったのであった。夫人は妃殿下のお心の籠った花を眺めながら、あの三十年前の〝戦時の花〟と、夫君のことをひとり静かに思い浮べられたに違いない。

もう一つの話は、私事に関することである。

昨年八月、私の家内の悌子が築地のがんセンターで亡くなった。その葬儀の前夜、東宮御所の戸田侍従長から、これからちょっと伺いたいがとの電話をいただいた。謹んでお待ちしていると、侍従長が大きな銀のカップを持って見えられ、これを故人の霊前へお供えするようにとの両殿下の仰せであると申し伝えられた。このカップは、その夏、歴史の古い旧軽井沢テニス・トーナメントの十二歳以下の少年シングルスで礼宮《あやのみや》様が優勝して、獲得されたものであった。

もし、石井さんの奥さんが元気でおれば、礼宮の優勝するところを、きっと見てもらえたのに、それが出来なくて残念であったから、せめてカップを故人に見せたい、と両殿下はおっしゃった由である。これはまったく思いもよらぬ有難い御配慮で、まことに身に余る光栄であった。

私は、皇太子様が中学二年の時から約五年間、テニスのコーチとして毎週一回お相手を申上げた。これは殿下が、小泉先生の「何か一つのスポーツに深く精進することは、人の心を鍛える」という教えを実践されたもので、近頃はやりのお遊びテニスとは、いささか趣きを異にした練習であった。家内もまた、清宮《すがのみや》様（島津貴子夫人）のお相手を三年くらいさせていただいた。その上、家内は旧軽井沢のテニスコートの委員として、長い間トーナメントの世話役をしていたので、毎夏そこで両殿下にお目にかかる機会が多かった。

一昨年、私は浩宮様の試合ぶりを両殿下と御一緒に拝見した。浩宮様が大接戦をしておられる時に、「気がおもめになることでございましょう」と私が申し上げたところ、殿下は「自分でやっている時の方がどうも気が楽のようです」とおっしゃり、傍らの妃殿下もうなずいておられた。子供の試合を見る時の親の気持は、どなたでも同じだと、あとで家内と話し合ったものであった。

そして昨年の夏は、すでに家内の病気が重く、私も軽井沢へ行けなかったので、残念ながら礼宮様の御優勝ぶりを拝見することが出来なかった。そこで前述のようなお心遣いをかたじけなくすることになったのである。

（『文藝春秋』昭和50年5月号）

フェアプレー

スタンド・プレエ

慶應義塾の体育会には一の誇るべき美風がある。塾の選手はスタンド・プレエをしないことがそれである。このことは何時か言おうと思っていたが、先日機会があったので体育会送別会の席上で始めて言った。かねて私の快く思っていたことであるから、ここに重ねてその事を記してわが塾生諸君に敬意を表そう。

今日の体育会は相当に盛大であるが、しかしまだまだ足りないところが多い。試合の上の成績も決して充分とは言われない。にも拘《かかわ》らず、塾の選手の行動にスタンド・プレエの臭味がないことは、何時見ても快よく感じられるところである。よその悪口を言う必要はないことだが、広く世間を見渡すと、各種の運動選手の中には衆俗の歓心を求めその喝采をねらって、浅ましいケレンの振舞いをするものが随分多い。野球などは見物が多いから、殊にこの悪風の目に余ることがある。容易《たやす》く取れば何でもない球を故《ことさ》らにむつかしく、無理な姿勢をして取ったりおまけに転ろがって見せたり序でにユニフォオムを泥だらけにしたりその他すべて人目を惹こう惹こうと立ち振舞う、悪臭厭うべき人物がよくあるものである。野球ばかりではない。他の競技にもあるであろう。×××*にもあるであろう。塾の選手も決して優れた選手ばかりではない。随分未熟な人々遅鈍な人々があって、歯がゆく思うことも屢々《しばしば》あるが、こういうスタンド・プレエをする者が一人もないのは伝統の力か各選手の心がけによるか、いずれにしても奥床しい美風というべきである。

スタンド・プレエをしないということは、一面においては偏《ひと》えに己れの本分を守り、良心の命ずるところに忠なる謙虚の心に発し、他面においては昂然として衆俗の批評を無視する強固なる自信に発している。思うに福澤先生は一世を率い、常に時勢の赴くところを洞察して当時の国民を指導せられたのであったが、嘗《かつ》て一度も衆俗の機嫌取りに類することを言われなかった。先生は常に右に逸せんとするものを左に引き、曲った弓を真直ぐにするためこれを反対の方向に曲げるという遣り方をして、時弊を矯めるため極言せられたから、思慮なき批評家は屢々これに対して愚者の憤慨をくり返すのが常であった。今、塾の選手がスタンド・プレエをしないのを、遠く福澤先生の感化に帰するのも仰々しい話であるが、共に深く己れの信ずるところに忠であって、敢えて衆俗時流の喝采を意に介しないという一点においては、自ら両者に相通ずるところがあると思う。

スタンド・プレエ、スタンド・プレエ。今の世に最も厭うべきものはこれである。或いは国に禍するものもまたこれである。男児須《すべか》らく己れが本分を守り、ただわが良心の命ずるところに忠なるべし。選手として観覧席の喝采を迎うるに慣れたる者は、やがてその生涯を通じてただ他人の批評にのみ喜憂し、ただ世間の人聞きのいいことばかり心がけて操守なき一生を終るであろう。わが×

×*部の諸君。諸君は塾の体育会で多くの事を学ぶであろう。しかしその最も貴重なるものは、決してスタンド・プレエをしないというわが体育会伝統の美風である。スタンドの讃否を意に介すること勿れ。ただわが本分を守るに忠実なれ。ただわが信ずるところを行うに勇敢なれ。心あるものは必ず諸君の高貴なる精神を識るであろう。

（『学生に与う』三田文学出版部　昭和16年12月）

＊（編者注）この一文は「慶應義塾庭球部部報」昭和16年第25号に寄稿した際には、伏字はそれぞれ「テニス」「庭球」であったが、広く体育会各部にあてはまるように、『学生に与う』収録にあたり伏字にした。

潔よき態度

今秋の早慶野球第二回戦第八回の裏、これで勝つか負けるかという大切の一点について審判に対する悶着が起りかけた時、早大選手等の示した潔《いさぎ》よき態度は愉快であった。選手としてはあきらめ切れない一点であったろうに、よく無智なる味方応援団の騒擾に動かされないで、おとなしく審判の判定に服従したのは平生の心がけも窺われて敬服の至りである。あの時もし選手等が不覚にも怨みがましい言動をなし応援団に甘え訴えるような形を示したら殆ど収拾すべからざる混乱を演出したであろう。幸いにしてかかる不快の事なくして終ったのは一に選手のスポーツマンシップに由るものと言わなければならぬ。

発狂して審判に食ってかかった痴漢を突き飛ばして退場せしめたのも大出来であった。

幸いにしてテニスでは今日審判について悶着が起るというような事は殆どない。

大切な仕合で随分目に余るような誤審が行われても選手は黙々としてそれに服従し、面に不快の色をさえ現わさないのが常である。昔はこうではなかった。審判に関する苦情すら対校仕合を中止しかけた事が私の選手生活の記憶にもある。庭球道徳はその当時に比べると雲泥の差である。今の選手諸君の潔よき態度を目撃し自校を勝たせるためには何をしても差支えないというような、はき違えた愛校心に燃えていた吾々自身の時代を顧みて私は心中ひそかに赤面することである。

「全力を尽して戦え。しかし汚ない真似は忘れてもするな。」

私は諸君に繰返しこう説教するが、この説教をする私共の時代よりも、今の諸君の方がスポーツマンシップはたしかに進んでいるのである。

しかし庭球道徳についても、今なお未解決のままに残っている問題は一、二に止まらない。例えば誤審の行われた場合誤審によって利益した者が、故意にその次の一点を放棄するのは至当であるか否かの如きもその一つである。これ等の点は道徳というほどやかましい問題ではないが、便宜上一つの礼儀としていずれかに決定するがよい。私一個としては謂わゆるポイントスロウイングは廃すべきものであると思う。誤審によって得点するに忍びないという心事には充分同情するが、苟《いやしく》も信頼して審判を託した以上は善悪利害得失を問わず絶対的にその人の判定に服従するのが至当である。審判者が公平である以上は（不公平な審判は、始めから頼むのが悪るい）誤審は運不運として諦めるより外にない。

而して運不運はコオドボールの場合にもあるのである。またポイントスロウイングを美事として賞讃することは、一種のスタンドプレイを奨励する結果にならぬとも限らぬ。

コートの上の chivalry は尊いが、それにスタンドプレイの臭いが着くと鼻持ちにならぬものになる。それを防ぐために否応なしに礼儀としてポイントスロウイングは一切しないが正しい事にきめてしまうのが簡単でよいと思う。

相手が負傷または痙攣《けいれん》で倒れた場合の事も規則で機械的に決定するがよい。而して規定の休息を許した後、それ以上は全く遠慮なく最善を尽して戦うのが正しいスポーツマンシップであると礼儀を制定するがよい。負傷後の相手に向って直ちに猛打を浴びせかけることは或いは心に忍びないかも知れぬ。しかしながら地を換えて観察せよ。自分が負傷した時に、相手に手加減をして貰うことが運動家として果して嬉しいことであるか否かを。選手諸君は無論こんな取扱いを受けて勝つことを好まないだろう。己れの欲せざる所これを人に施すこと勿《なか》れである。しかしそれでも気が済まないという場合も起るだろうから、それだから理窟抜きにポイントスロウイングその他これに類する事は一切却《かえ》って礼儀に背くものであると極めてしまうがよいというのである。

これはコートマナアに関する所感の一端である。如何にして率直、公明且つ、清朗にテニスの競技をなさしむべきか。諸君においてもなお篤と御考えを願いたいのである。

（「慶應義塾庭球部部報」昭和5年秋第9号）

「チームワーク」について

私はよくスポーツの試合を見てあるくがチームワークということについて、その人間社会の縮図を見ると感じ、今さらながら興味を新たにすることがしばしばである。

やはり一番わかりやすいのは野球であろう。打者が立って、内野にゴロを打ったとする。観衆の目は、みな転々ところがる球の行方を追う。野手がそれを捕って一塁に送る。本塁からの走者はそこでアウトとなったり、セーフになったりする。その時いつも見るのは、マスクを脱し（あるいはマスクのまま）胸と膝にプロテクターを着けた捕手が、一塁の後ろから本塁の方へ駆けもどってくる姿である。

いうまでもない。これは一塁手の万一のパスボールに備えるため、本塁後ろの定位置から援護に駆けつけた捕手が、そのバックアップの用務を終えて、もとの配置に復帰する姿である。この光景は、野球試合を見る人なら、だれでも見てないものはない。

ただ、ここに何万人という大観衆があっても、おそらくそのだれもが見ていない光景がある。それは捕手が一塁援護に駆け出す姿である。打者がゴロを打ったと見た瞬間に、忠実な捕手は必ずマスクをかなぐり捨て（あるいはマスクをかぶったまま）一塁の後ろへ駆けつけるはずである。そうして、内野手が悪投して一塁手がパスボールすれば、すぐにそれを拾って、走者の進塁を防ぐか、あるいは、離塁する走者を一塁で刺そうとする。これがチームワークというものの最も簡明な一場面である。

見慣れたものには、それは何でもない光景である。しかし、考えて見ればここに高邁なチームに対する奉仕の精神、その精神に従って行動する義務感と義務を遂行する意思の発露を見るといっても、それは決していいすぎではない。多くの場合、捕手の一塁援護は不必要に終り、かつだれにも認められないのである。第一、打者が打ったゴロを内野手が捕れば格別、後逸すれば、球は転々外野にころがるから、捕手の援護は不要であるのみならず、観衆の目はその転々する球を追うから、捕手がわざわざ一塁後ろに駆けつけたことは、だれにも気づかれずに終ってしまう。およそ縁の下の力持ちといっても、これほど人に認められない力持ちはないであろう。

球が内野手に捕られ、それが一塁に送られた場合でも、一塁手がそれを後逸するのは、十度に何度あるか否か。多くの場合、援護は不要に終るのである。そうして、われわれはその多分は徒労に終る機会のために、一塁援護に駆けだす捕手の用意と努力とを多とするのである。何十度かに一度、一塁手が球を後逸することがある。その時もし捕手がバックアップに来ていなければ、その捕手自身はもちろん、そのチーム全体は落第である。いやしくもチームに対する責任を知るものは、多分は無用であるが、しかし、万一の場合の必要に応ずるためのこの用意を怠らない。これがチームワークであり、またスポーツマンの精神である。スポーツでない実人生の無数の場面において、われわれはこの捕手のそれに類する用意と努力をしなければならぬ。それはスポーツがわれわれに与える最も貴重な教訓の一つであると思う。

鷗外の書いたある作品の中の一句に「一目の網は鳥を獲ず、鳥を獲る網はただ一目」というのがあった。

カスミ網を張って鳥を捕るとする。鳥の引っかかるのは、網の目のただ一つにすぎない。しかし、ただ一目の網を張っても鳥は引っかからない、という意味だと、私は解する。網を張って鳥を待っても、鳥の引っかかる目はただ一つである。その一目に鳥が引っかかるためには、無数の目のある網を張って待たなければならぬ。網の目が、かりに一千あるとして、鳥の引っかかる網の目はただその千の中の一つにすぎないとすれば、のこる九百九十九は無駄になる。しかし、この無駄を嫌うなら、鳥は捕れない。網の一目をして功をなさしめるために、九百九十九は無駄を覚悟でそこに張られていなければならぬ。これがチームワークというものではないか。全員の各員があえて縁の下の力持ちを避けないことによって、始めて全員の成功がある。

むずかしく説明しようとすれば、いくらでもむずかしく説くことができる。しかし一塁援護のために駆け出す捕手の用意と覚悟を察するものは、チームワークの何たるかを知るであろう。

（『河流』新潮社　昭和35年11月）

イギリス雑感（抄）

私がイギリスに留学したのは一九一二年の秋から翌年の秋まで、及び一九一四年の夏から翌年の秋まで、合せて二年余りであった。間に中断があるのは、ドイツ留学中に第一次大戦が起り、再びイギリスに帰ったからである。この通りドイツにも、後にはフランスにも、更に後にはアメリカにも往ったけれども、もう一度どの国へ往きたいかといわれれば、私はやはりイギリスと答えるであろう。

これを書いている今は四月の末であるが、今頃から五月六月へかけてのイギリスの自然、殊にテムズ河上流の丘、森、流れの美しさは何ともいえない。

March wind April showers
Bring forth May flowers.

とよく聞かされたが、その諺にある通り、三月の風が吹き、四月の驟雨が降り、さて誂え通りメイフラワアが咲く。私はテムズ河南の郊外の或る弁護士未亡人の家の世話になっていたが、町なかと違い、郊外はどの家にも庭があり、微風が花の匂いを漂わす。その頃スプリング・クリイニングといって、日本の煤払いに相当するような大掃除をする。それが済む頃庭の芝生が美しくなる。イギリスの芝の軟かさは、外に類のないものであろう。どの家でも園丁か或いは主人自らが、芝刈り器械を押して、庭を往復する光景を見る。短く刈ったあとの芝生は、玉突台の羅紗のようになる。

当然方々のロオン・テニス・クラブの芝も刈られてシイズンが始まる。その名称にある通り、今のテニスは、元来芝生の上でやり始めたものであるが、その芝生はイギリスのようなものは、外では見られないと思う。私は慶應在学中少し熱中してテニスをやったから、ロンドンでも季節が来ると早速紹介を得て申込んで、或る小さなクラブに入会した。クラブ員は午後それぞれ道具——ラケットと網の袋に入れた半ダアスばかりのボオル——を携えて集まる。無論その頃は女は勿論、男も今のように短いパンツは穿かなかった。皆なフランネルの長ズボンで、シャツも手首まであるのをまくり上げるのが常であり、靴も白革の編上げの底に厚いゴムを縫い付けた頑丈なものであった。

クラブではテニスをしながら午後の茶を飲む。芝生の上に椅子とテエブルとを出し、茶は婦人会員がサアヴしてくれる。午後の四時か五時頃茶を飲むのはイギリスの習慣らしい。薄く切ったパンにバタをつけた bread and butter にジャムなどをつけて紅茶を飲む。五月六月の頃には、よくそれに watercress（辞書を引くとミズタガラシとある）というハコベのような草も添えられた。それに少し塩をつけて嚙む。いかにも清が清がしく、晩春、初夏の季節が感じられた。ロンドンの位置の緯度は北緯五十一度何分である。従って初夏の日暮れは晩い。知人の家で七時からの晩餐を終えて、まだ明るいから、もう一度テニスをやろうと、また着物をかえて庭に降り立ったことなどもある。

一体日本人は野球でも庭球でも、学校選手は血眼になって練習する傾きがあるのみならず、勝敗に重きを置いて、動《やや》もすれば勝負本位の仕合振りを見せる癖がついているから、私のプレイも他のクラブ員から見たら真剣すぎて異様に感ぜられたのではなかったかと、ひそかに赤面することがある。郊外の小さなクラブで、別段感心するほどの名手はいなかったが、彼等の公正にして悠揚たるスポオツマンらしい態度は、すぐ私にも感じられた。勝負は飽くまでも争うが、常に相手を尊重することを忘れず、いやしくも不公正な、見苦しいことをしないという、フェアプレイの精神と行儀は、その小さいクラブでも守られていた。テニスでは相手の美技によって得点された場合屢々《しばしば》「見ごと」“nice shot”といい、また相手の惜失に対して「惜しい」“hard luck”と言う。先年硬球テニスが日本で始めて普及しかけた頃、この行儀を気障であり、偽善であるといって攻撃した国粋主義者があった。たしかにやりようによっては気障にも偽善的にもなり得ることであるが、イギリスのスポオツマンは当然のこととして極めて自然にこの礼儀を守る。

それと似たことであるが、テムズ河上のボオトレエスで、一方が勝ち、他方が敗れたとき、勝者の艇が漕ぎ下れば、敗艇のクルウは皆な身を起こし拍手してこれを見送る。それは彼等にとって決して偽善ではない。宛《あた》かも婦人や老人に席を譲るのが当然であり、自然であると同じように、彼等は当然のこととして競技の上の礼譲を守る。もしそれに戻れば、彼等は宛かも婦人に不作法であったのと同じ擯斥《ひんせき》に値するという自卑を感ずるのである。勝敗はもとより真剣に争うが、しかしそれよりも更にスポオツマンらしく勝ち、スポオツマンらしく敗れるということに重きを措《お》いて、この不文律に背くものを極度に賤しむ教育が行き渡っているのは相当な国民であると私は考えた。それはイギリスの紳士道から出たものであろう。しかしそれは吾々日本人によく分る教えである。嘗《かつ》て日本の士族の間にも同様の不文律は行われた。よき士族は容易《たやす》くよきジェントルマンになり得たであろう。今日の日本にフェアプレイの精神が軽んぜられるのは、ひとりイギリス紳士道に背くばかりではない。それは日本伝来の士道にも背くのである。日清日露戦役にあれほど模範的に国際法を遵奉した日本人が、今度の戦争にその点滅茶になってしまったのは、封建主義の禍よりは、寧《むし》ろ封建道徳をも失った世代の失態であったと見るべきであろう。

（『あるびよん』昭和24年10月号）

友

フィッシュ・ストーリー

フィッシュ・ストーリーという英語がある。直訳すれば魚ばなしだが、意訳すれば眉ツバもの、ホラ吹きというほどのことになるらしい。釣り自慢の人が、釣った魚――または釣り落とした魚――の話をすると、魚がだんだん大きくなっていく。そこからフィッシュ・ストーリーという言葉が出てきたという。

昔スポーツをやったという老人たちが集まって、手柄話をすると、ことに少し酒でもはいると、話がだんだんフィッシュ・ストーリーになっていく。しかし、それもなかなか愉快な、たのしいものである。

私もそのフィッシュ・ストーリーの仲間を持っている。私が大学（慶應）を出たのはもう五十幾年の昔になった。在学中のある期間私はほかのことは何もせず、運動（テニス）ばかりやっていた。そのころの仲間、それから以後の五十年間にあとにつづく後輩が、一つの会をなし、年一回総会の晩餐会を催して旧交を温め、後輩を激励する。さらにたびたび部会のようなものも開く。世界的選手の熊谷一彌、原田武一、山岸二郎も来れば、無名の選手も集まる。さすがにこれらの世界的人物は、あまりフィッシュ・ストーリーはしない。また、たまに彼等が手柄話をしても、皆それぞれ得意の話を持っていて、あまり人は謹聴しないが、自分は相当いい気持ちでシャベる。それはたしかに人生の楽事と称するに足るものである。

スポーツに関する講演などを頼まれたとき、私はしばしばスポーツの与える三つの宝ということを語る。三つとは、練習によって不可能を可能にする体験をもつこと、フェアプレーの精神を身につけること、そうしてスポーツによって友を得ること、これである。

スポーツによって得る友は、当然二つの陣営に属する。同じチームの仲間、及び対抗する相手方、いわば敵方陣営に属するものである。同じ陣営に属したものといえば、私の場合、前にいったように五十年にわたって慶應でテニスの選手だったもののグループである。このグループは割りによくまとまり、会員はそろいのネクタイを締め、紺と鼠の縞に白糸でテニス・コートのラインを縫い、裏に卒業年度をアラビヤ数字で示したもので、テニス関係の行事の際にはこれを締めて出ることになっている。まず勲章の略綬といったところである。一杯飲んで、テニスのフィッシュ・ストーリーを弁じるのはすなわちこの略綬帯用者たちである。

敵方陣営の友は乏しくなった。しかし五十余年という年月を思えば、それもやむを得ぬことであろう。

明治四十年前後のころ、当時の高師（文理大の前身）に鬼才飯河道雄があって、日本のテニス界を濶歩した。飯河は早く歿したが、彼れのパートナー浮田辰平は八十を越えて健在である。浮田は久しく内地及び台湾の教育界に功績をあげたが、今は悠々自適の身となり、晩酌の杯を重ねると時々思い出すとみえて、いつもその時刻に私に電話をかけて来る。そうして健康に気をつけろ、と訓戒する。

一橋出身では渡邊省二とそのパートナー吉田初次郎が健在である。二者ともに三井系大会社の長となったが、渡邊は長身痩軀の青年であったのが、今は豊肥堂々たる巨漢となり、吉田は紅顔昔に変わらない。彼れは音曲に巧みということで、このごろもしばしば劇場でその姿を見る。

私が長年の間一番よく一緒になったのは早稲田出身の針重敬喜であった。彼れは久しくテニス評論の第一人者であったが、私は彼れとともに明治三十七年秋の第一回早慶仕合の出場者であった。十年ほど前、彼れは広尾の家に私を訪ねてきて、新たに日本庭球史を編むといい、私はそれに序文を寄せることを約束したのであったが、果たさずして彼れは亡くなった。彼れの告別式に多数の慶應選手が会葬して敬意を表したことは、私のよしとするところであった。

(『報知新聞』昭和39年3月4日)

一年——伊藤正徳のことなど

また一年が過ぎる。

顧みれば、已《や》むを得ぬことではあるが、この一年（昭和三十七年）も友を亡った。一月に、長く日石に勤めた堀江平重郎が死に、四月に伊藤正徳が死に、続いて同じ月に三邊金藏が死んだ。堀江は、五十三年前の明治四十三年に、私と同時に慶應義塾を卒業した同級生であり、伊藤は、三年下級であったが、同じ運動部に属した、いわば戦友（Kampfgenosse）であり、三邊は、二年上級ではあったが、経済学部での多年の同僚であったのみならず、彼れの長男と私の姪とが結婚することによって、吾々は姻戚の間柄にもなった。そういう関係から、この三人の死んだとき、私は依頼されて弔辞を作り、それぞれ告別式場でそれを読んだ。弔辞を作り慣れたり、読み慣れたりするとは、およそろくでもないことだと、心中つぶやきながら、しかし私はそれをした。

それが今年の春のことであり、それから夏が過ぎ、また秋が過ぎた。こんなときにあの男がいたら、と懐《おも》い出すことを、英語では誰々を miss するという。私たちの同級生は（明治）四十三年会と称して、毎月一回、銀座の風月堂に集まって、午食を共にするので、吾々はほとんどその都度、声の大きい、賑《にぎや》かなことの好きだった堀江のことを懐い出す。また三邊とは、姻戚の間柄でもあったから、当然彼れを miss する機会は多い。殊に私は、八年年長の彼れの齢を思い、今年の一月、これから毎月一度会食することにしようではないか、と申し出でて、二度実行しただけで終わってしまったから、自然、彼れの噂をすることは多くなる。

ところで、伊藤正徳であるが、私はこの伊藤と興味を共にすることが一番多かったのではなかったかと思う。第一に、彼れは世界的の軍事評論家、殊に海軍通であった。私の軍事に関する知識はもとより貧弱であるが、国防の重要性は正当に評価し、また立国の上において国民尚武の精神の大切であることは、充分これを弁えているつもりである。否、日本が軍部横暴の悲劇を招いたのも、国民一般に国防の知識が足らず、また、その必要とその限界に対する正当の判断力を欠いたからであったと思っているのである。この点において、伊藤と私の説は常に一致した。先年伊藤が文藝春秋の誌上に「『三笠』の偉大と悲惨」と題する一文を掲げ、記念艦三笠をあのまま（当時のあのまま）にして置いてはならぬ、と世間に呼びかけたときにも、私は直ちに全面的に賛成し、東京のみならず、大阪、名古屋にも出かけて往って、同趣旨の演説をしたり、また度々文章を書いたりした。伊藤はそれを認めていたと思う。

伊藤はまた、樹と花が好きであった。彼れが自分で脚立に乗り、木鋏《きばさみ》を使って庭樹の手入れをしたり、殊に木斛《もっこく》を愛して、庭に自分の齢の数だけこの樹を植えることを企てたりしたことは、私も書いたことがある。樹と花は、私も好きであるが、知識は乏しい。この方は、私よりも一層樹の好きな私の妻の方がよく伊藤と話が合ったようである。大井町の伊藤邸の庭上、座敷と相対するあたりに、美しい花の咲く大木の木蓮がある。毎年の春、その花の見頃の日を択んで（時にはそれに後れて）伊藤が私たち夫婦を晩餐に招いてくれるのも、何時の頃からか、毎年の例のようになった。日が長くなり、暮れ方に庭に出ていてももう寒くない春の夕、伊藤に招待されて、大森海岸にあるという「浜栖鳳」から出張の座敷天ぷらのもてなしを受けたことは、もう幾たびとは数えられない。

しかし、伊藤と私と話し合った話題といえば、やはりスポーツが一番ではなかったか。伊藤はすぐれたスポーツマンであった。テニスは在学当時、日本の一流中の一流で、或るときは、後に世界的大選手となった熊谷一彌のパートナーであった。彼れは殊にネットプレーが得意であった。私は彼れがジャムプしてスマッシする軽快の動作を、今も目に描くことが出来る。彼れはいろいろの競技に長じていたが、すべての勝敗の秘機を摑む妙諦《みょうてい》は、結局テニスの試合によって体得したのであったと思う。後年の彼れは、テニスについてはあまり語らず、専らゴルフ、殊に見る方では、野球に熱心であった。しかし、すべての基礎に、彼れのテニスマンとしての練習及び試合の体験があったことは、争い難い。後年、彼れがゴルフを始め、一年半にしてハンデキャップ七という異常な進歩を示したのに対し、人は彼れの運動神経を称したが、彼れは不平で、自分の進歩は運動神経の賜ものではない、それは練習の結果であり、而してかく厳格に周到に、怠りなく練習を続け得たのは、慶應義塾時代の選手生活のお蔭である、と私に語ったことは、すでにこれも一二度書いたことがある。ここで選手生活というのは、テニス選手の生活であるから、テニスは伊藤の一生に多くのものを与えたということが出来る。けれども、前に書いたように、私は彼れと近年あまりテニスの話はしなかった。彼れはこの頃はあまり試合も見ておらず、現役選手の特徴等もよく知らないから、大して私の話相手にはならなかった。

ところが野球と来ると、明らかに彼れに数日の長だか、数年の長だかがあり、私は二歩も三歩も譲らなければならなかったことを認めなければならぬ。第一に、彼れは野球選手の体験があった。彼れは水戸中学の出身であったが、水戸中は野球界の名門の一であり、早稲田で名を成した投手大井、監督飛田、後年の投手、監督石井を出している。伊藤はたしか飛田と同時代で、正選手か補欠か、兎に角野球部に属していた。彼れの野球歴については私は委《くわ》しくはきいていないが、彼れの肩力、走力、運動感覚一般が非凡であったことは、様々の事例によって知ることが出来た。そうして、その上に彼れの頭脳と知識である。後年あの『連合艦隊の最後』を書き、『連合艦隊の栄光』を書き得た伊藤の頭脳が、野球というこの一競技の鑑賞及び批判に役立たぬ筈はない。実際、彼れは神宮球場のネット裏に座を占めて、実によく大学野球の試合を見、またよく大学選手の特徴を知っていた。

彼れはバッターボックスに立つ打者の欠点、長所を見ぬくのが早かった。往年、東大に梶原という名投手強打者があり、守備でも攻撃でも一人で働き、それこそ文字通り大厦《たいか》を支える一木であったが、この梶原の打撃の構えというのが実に不恰好で、足を八字に踏み開き、それこそ弁慶が大太刀でも振りかぶったかのような構えをする。しかも、ボールがバットに当たるホンの一瞬、彼れは何ともいえない美しい振り方を示す。そうして、快音とともに、球は野手の頭上を越えて飛ぶのである。この事を、私は何時か野球の雑誌に書いたことがある。しかし、それは私の発見ではない。実は伊藤に教えられて気付いたのである。憾《うら》むべし、伊藤はネット裏の程よきあたりに指定席を持ち、私は元の塾長の資格で招待されて、遙か後ろ上方の、いわゆる貴賓席で見るのが常であったから、伊藤と肩を並べ、伊藤の批評をききながら野球試合を見た回数はあまり多くない。しかし、身嗜みの好い伊藤が、よく中折帽をかぶり、ステッキを携え、人を分けて自分の席に歩み寄る姿は、たびたび上から見下ろした。「また、やって来たな」と思ったことは、幾度といえない。

何のためにこんな事を書き出したのか。前に、「こんなときにあの男がいたら、と懐い出すことを、英語では誰々を miss するという」と書いたが、私は実に今年の秋、切に伊藤をミスしたのである。それは伊藤と私の母校である慶應義塾の野球チームが、この秋、六年ぶりで優勝したからである。私は今七十四歳である。しかし、母校の光栄を喜ぶことにおいては、七十の老人も二十の青年も変りはない。私は実に多くの老少の友と慶應の優勝について語り合ったが、一番私が語り合いたい友は伊藤正徳であったように思われる。それは伊藤がいないので、一層そんな気がしたのであったかも知れないが、兎に角、私がこの秋大いに伊藤をミスしたことは事実である。

私は今から五十九年前、即ち一九〇三年の秋の第一回のときから、早慶野球試合というものを見ている。そうして、考えて見れば、慶應の側からいって、一番見事な、気持の好い試合は、今年秋のそれではなかったろうかと思う。

十一月三日、第一回の雨中の乱戦は、これは無論好試合とはいうべきものでない。しかし、得点九―一、慶應の安打十八本という成績は、慶應のものとしては、決して気持の悪いものではない。私は早稲田の総長と並んで見ていて、一寸《ちよつと》挨拶にこまった次第であった。

翌日の第二回試合は、早大のいかにも見事な反撃を賞さなければならぬ。慶應側としては一回に容易く五点取ったことが毒になったと思う。そのあと、あの好選手石黒が暴走してアウトになった。「ゆるんだな」と感じたのは、私のみではなかったろう。そうしてゆるみの後に、あせりが来た。反面、早稲田チームがそれからジリジリ回復して遂に最後に七―五と逆転した試合ぶりは、流石《さすが》というより外はない。まことに天晴れであった。この試合の途中、例の貴賓席で見ていると、傍らの野球部長が、このまま押し切った場合、今晩の祝勝会に出てもらえるかと、私にきいた。「そんなことは未だ分らない」と私は答えたが、果たして「分らない」結果になった。そうして、十一月五日月曜日の決勝試合となった。

第一、第二試合は、私は球場で見た。しかし、決勝試合には球場に行くことが出来ない。その日、同じ時刻に、皇太子、同妃両殿下がフィリッピン御訪問で、羽田をお立ちになるのである。それは快く晴れた日であった。皇族諸殿下、閣僚その他官民の人々が、滑走路に連なる地上に整列してお見送りした。日航機が空に飛び去ると、御見送りの人々は、幾つかの塊りをなして挨拶をし合い、やがて散じた。

私は待っていた車に乗ると、すぐ運転手にラジオのスウィッチを入れて貰った。もう試合は始まっている。アッという間に慶應は一点取られた。車は第二京浜国道を走る。忽《たちま》ち更にまた二点取られた。そうして、第一投手の藤は退き、前日の試合に救援に出て不成功だった若い渡邊がこれに代った。

私は永年運動競技を見つづけているので、楽観も悲観もともに遅いつもりである。けれども、このとき、この有様では今日は駄目か、と感じたのは事実である。ただ、ラジオできく、救援投手の渡邊が、いかにものびのび投げているらしいのが、敗戦投手らしくないように感じられた。慶應応援団が、三点差の圧迫にも拘《かかわ》らず、盛んに歓声を揚げるのは、この新進投手の球速を見て、快とするのであろう。

こんな事を考えている間に、車は横浜市中の雑沓を通りぬけて、海岸のホテル・ニューグランドに着いた。いい忘れたが、その日、私は自宅へは帰らず、かねて部屋を予約して置いたこのホテルに来たのであった。東宮両殿下がフィリッピン御訪問で、十一月十日までお留守になる。その間に客を謝して、溜まり溜まった文筆の仕事を片付けて置こうという、かねての計画だったのである。フロントオフィスで部屋の鍵をもらい、四階の、港を見下ろす一室に案内され、一寸荷物を片付けてロビーに降りて来ると、そこに長椅子の前に、非常に鮮明に映るテレビがある。その時、そこに映し出されたものは、一つの歴史的場面であった。

六回の表、慶應の攻撃、走者が二人塁に出ている。早稲田の投手は、宮本が吉田に代っている。

次の打者田浦、一二塁間ヒット。しかし、二塁の走者は本塁を衝かない。（これは前田監督の策戦によるものと、あとできいた）。かくして満塁となって、そこに最強打者の大橋が立った。ボールが三つつづき、ストライクが二つ。そうしてその次があの歴史的三塁打であった。そうして勝敗逆転が始まったのである。監督の前田は、この数日後、私への手紙に、このとき大橋の打った球の行衛が見えなかった、といっている。ただ、味方選手の歓声と、早稲田の外野手の背走の様を見て、長打の出たことを知った、よほど目が血走っていたものと、あとで自分で苦笑しました、と書いている。ホテル・ニューグランドのロビーでテレビの前に坐った私も、同様であった。尤もバットの振りも鋭く、球も異常に速かった。

絶叫歓呼、五万数千人の肺が発する大騒音の中に、三人の走者みな還り、足の重い大橋自身も三塁にセーフとなり、得点は3―3となった。この瞬間の写真によると、早稲田の投手宮本は、茫然として三塁のバックアップも忘れて、ただ佇み、慶應の選手等は互いに抱き合い、先ずホームインした石黒ひとり、顧みて大橋の三塁の安否をたしかめているという。それは打者大橋のみならず、この試合に参加した選手全員の生涯忘れない瞬間であろう。多くの人は、生まれて遂にこのような瞬間を知らずに一生を終える。私は、よくその平生を知る監督の前田祐吉を始め、多数の青年が、この日、これから後の一生に、幾たびでも憶い出して語るであろう瞬間に遇い得たことを、彼等のために喜んだ。

形勢は一変した。それ以後、早稲田はほとんど一塁を踏まず、慶應は更に三点取り、五点取って

大勝した。その途中で、私はこの日まだ午食を取らなかったことに心づいた。ホテルのものにいう

と、そのテレビの前に、小卓を置き、鶏肉サンドウィッチと紅茶を持って来てくれたが、実はその味わいは全く分らなかった。平生健啖《けんたん》の私が、サンドウィッチの大半を皿にのこしたままにした。

九回表、右に記したように、慶應はダメ押しの五点を加えて攻撃を終わる。（この回、塁上の走者に、早稲田の一内野手が「もう好い加減にしろよ」といったという話が伝えられている。）代って早稲田が攻め、簡単に2アウトになった。三番目の打者は、ゴロを三塁手がファンブルしたので一塁に生きたが、もうすでに晩い。前にも書いたように、私はすべての競技につき、常々、ゲームセットの宣告があるまでは、勝負は決したのではない、といい続けているものであるが、如何になんでも、第九回裏、得点一一―三、2アウト、走者一塁、というのでは、もう引っ繰り返しようはない。一緒にテレビを見ていた一人が、「あと八点取られない中に、あと一人アウトにするのか。むずかしいな」といったので、人々は笑った。ドイツ語に Galgenhumor という言葉がある。Galgen は断頭台、Humor は笑談であるから、断頭台上の諧謔、つまり曳《ひ》かれ者の小唄というような意味になる。右の笑談は、その正反対であって、絶対安全を確信したものが危険呼ばわりする悪洒落であり、何処の国の言葉にもそれをいい現わす名詞はないであろう。名詞は兎に角、テレビを見れば、ゲームの方では、再び三塁ゴロが打たれ、塁手田浦が捕って一塁に送れば、スタンドの空に煙のように紙吹雪が舞い、ゲームセットとなる。

慶應の藤投手は、このシーズンの始終を通じて大功を立てた。しかし、彼れは結局打者を圧えつ

ける投手ではなくて、これをかわす方の投手であるから、その点から見ると、「打つなら打って見ろ」とばかりの速球を投げ下ろす渡邊は、優勝決定の場面としてはふさわしい投手であったかも知れない。

試合が終わって顧みると、私の隣に防衛大学校長の槇智雄君が、やはり安楽椅子に倚っている。槇君とは、用事があって、この日の午後、このホテルで落ち合う約束をしてあったのである。槇君が横須賀からホテルへ到着したときの記憶はハッキリしない。「車の中でラジオをきいて来ましたが、大分好さそうですな」と同君がいったように憶えているから、それは大橋が三塁打した直後のことであったろうと思われる。それから二人で、四階の私の部屋に引きとり、ホテルが特に部屋に届けてくれてあったジョニーウォーカーの栓をぬいて乾杯した。

憶い起こせば、昭和二年のやはり秋のシーズンであった。当時壮年の教授であった槇君と私と今一人の友人とで、一夜、菓子か何かを携えて、武蔵新田の野球部合宿を訪問したことがある。監督は有名な腰本壽《ひさし》であったが、その秋、チームは不振で、人々に見はなされたように見えた。それを慰め、且つ激励しようとして、壮年客気の吾々は出かけたのであった。この訪問にどんな利《き》き目があったか、それは全く覚束《おぼつか》ない。しかし、兎も角もそれからその秋、濱崎、宮武を投手とする塾のチームは、はじめて早稲田に圧勝した。そうして、それが慶應の黄金時代を開く端緒となったのである。その後の或る日、槇君と或るレストランで、やはり母校のため杯を挙げて祝意を表したことがある。実に三十五年前の昔話であるが、槇君果たして当年のことを憶い出したか否か。

六日後の次の日曜日、即ち十一月十一日に、リーグ閉会式が行われた。私は母校のチームの優勝の晴れ姿を見たいと思い、妻をも誘って球場に往き、全く無人の貴賓席に席を占めた。

六大学の校歌のメロディーを取り入れた行進曲が、学生バンドによって吹奏される。慶應、明治、法政、立教、早稲田、東大の順で、六大学のチームがそれぞれ校旗を先頭に入場し、球場を半周しホームに面して縦隊に整列する。天皇賜杯を始め幾多の賞杯が「ああ勇士還る」のメロディー（ハイドン？）吹奏の下に慶應チームに授与される。終わって、廻れ右、全観衆起立、「君ケ代」の奏楽の中に、遙かに人々の仰ぎ見るセンター後方のポールを、国旗はしずかに下ろされる。再び廻れ右。バンドは、別れの曲「螢の光」を奏し始める。慶應を先頭に、選手等は行進を起こし、人々の見送る中を、歩調を合わせて退場する。やがて球場のダイヤモンド——あの幾たびかのはげしい試合の行われた、そのダイヤモンド——に人影はなくなった。退場した青年たちの或るものは、また明年の春のシーズンにこの球場に現われるであろう。しかし、他のものにとっては、これが彼等の学生野球との別れとなるのである。人々は感慨をもって彼等を見送った。それは「青春」を惜しむ人々の、最も純粋な気持に浸るひとときであったといえるであろう。

このようなことを、伊藤と語り合ったことは、過去にも幾たびかあった。しかし、昭和三十七年の秋、——伊藤正徳の死んだその年の秋——、神宮外苑球場において、私は特に彼れの不在を感じたのである。

（『新文明』昭和38年1月号）

平沼亮三君喜寿

平沼さんの喜寿祝賀会は、新聞にも出た通り、二月二十六日（昭和三十年）、神田の国民体育館で行われた。喜寿といえば、還暦のときのことが憶い出される。数えて見ると、それは昭和十三年、即ち支那事変の起った翌年のことであった。当時私は慶應義塾の塾長であったが、平沼さんの還暦といえば、塾の体育会としても何かするべきだと思っていると、体育会の先輩塾員の中には、そんな景気の好いことの好きな阿部章藏、即ち水上瀧太郎が健在であった。彼れは、平沼さんは例のない塾の先輩だから、塾としても、例のない催しをしてその寿を祝すべきだと主張し、結局その年の春、一年中の最好季節を選んで、平沼週間というものを催し、慶應義塾の体育会二十三部（その後殖えたが、当時は二十三部であった）挙ぞって、平沼さんのためにエキシビション・ゲエムを行うべきだ、といった。当時、そろそろ非常時という言葉は耳につき始めていたが、何といっても天下はまだ泰平で、この阿部の提議は、人々の思うところと一致したのであった。

丁度その時に、平沼さんの喉がつぶれて声が出なくなった。年の始めであったか、前年の暮であったか、何でも未だ寒い頃であった。私は平沼さんと一緒に人に招かれて、木挽町辺の料理屋へ行った。その晩、平沼さんの声がまるできこえないので、ひどく風邪を引いてしまったものだと思ったが、それは簡単な風邪ではなく、暫くして慶應病院に入院して、手当てを受けなければならぬことになった。それで、平沼週間の企ては、お流れになってしまった。やがて病気は癒え、秋の陸上運動会の日に祝賀式は行われたけれども、時機を失したので、それは当初の計画とはちがった、極くじみな、形ばかりのものであった。

それから二年余りして太平洋戦争となり、敗戦となった。間もなく、平沼さんは再び喉に故障を起し、到頭今度は喉に孔を明けなければならないことになった。その孔から息がもれるのを、平沼さんは手で抑えながら演説して、横浜市長に当選した。また、招待されてアメリカにも往き、首に繃帯したままで、南北東西を駆け廻って来た。そうして日がたち（平沼さんの謝辞にもあった通り）、人にいわれて気がついて見れば、何時か七十七になっていたという訳である。平沼さんの生涯は、吾々に真似の出来ないことばかりだが、就中《なかんずく》、誰れにも真似のできないのは、この快濶楽天の精神であると思う。

平沼さんは、今は四年来、老松町の市長公舎に住んでいるが、自邸は、横浜駅の北方に当る、沢渡という地区の、丘陵の背の林の中にある。今は接収以来外国人に貸しているとのことだが、当時吾々は誘われるのを好いことにして、始終この家へ押しかけて行って、運動をして遊んだものだ。屋後とも庭前ともいえる広場に、各種の運動の設備がある。テニスコオトが、芝のとクレイのと、二面ある。芝コオトの柱を抜き取ると、広い芝生で、どうやら野球が出来る。ほかに土俵があり、鉄棒があり、バドミントンやデッキテニスや、その他の軽い遊戯の道具も揃っている。序でに書くと、このクレイの方のテニスコオトの冬の霜除けは、平沼さんの創意によるものであった。普通は蓆《むしろ》をつないで覆いにするが、平沼邸では、その代りに落ち葉を布いた。コオトの周囲の庭樹からの落ち葉を、掃いて集めて、コオトに冠ぶせ、使用するときは、一時箒で片寄せ、あとでまたそれを掃きならして置く。それで立派に霜が防げるということであった。これは樹木の好きな平沼さんの風流の一面を語るともいえる工夫で、私はそれをテニスメンの友人にも語り、やって見てはどうかといったが、考えて見れば、普通のクラブや学校のテニスコオトには、平沼邸のように周囲に樹木が茂っていないから、実行できないことだろう。

さて、集まったものは、午すぎから銘々好きな運動をして、最後に全員二組に分れて野球をするのが例であった。野球の民衆性というものがこれでも分る。他のスポオツは、するものがあり、ただ看ているものもあるが、野球となると、全員参加するのが常であった。この庭に集まるものは、各種の運動家であったが、自然野球部の先輩が一番多かったから、私は、この平沼邸の集まりのお蔭で、有名な野球選手と野球仕合をしたという、コジツケの記録を語り得ることになった。蓋《けだ》し平沼さんの、大砲常陸山と相撲を取ったという記録に類するものであろう。平沼さんと私とは、屢々《しばしば》別れて双方の投手をした。彼れの捕手は肥後英治、私のは島田善介、即ち昔年の大選手福田子之助であることが多かった。私は嘗《かつ》て或る野球の雑誌に、自分の知る限り、不世出の大才と称すべきは、一高の守山恒太郎、慶應の櫻井彌一郎とこの福田子之助だと書いたことがある。その福田を捕手として投げることが、いかに投げ易いか、また彼れがいかに無言の中に投手を指導し、鼓舞するかということを、自ら体験したと称する権利を、私はこの平沼邸の集まりで得たことになった。

小泉信三と平沼亮三

福田は私と同年で、五十年前、共に慶應義塾の普通部に学び（彼れは一級下）、私は毎日テニスばかりやっていた頃、彼れと阿部章藏（水上瀧太郎）とは、野球部有望選手の双璧であった。後に阿部は野球部を出て、文学に往ってしまったが、福田は野球に終始して、投、捕、打、走、あらゆる技術において、天分と練磨との最高の結合を成し遂げた。私は彼れの颯爽《さっそう》たる仕合ぶりを、五十年後の今日も、目に想い描くことが出来る。彼れの主位置は捕手であったが、強肩無比で、彼れの投手への返球は投手の球よりも速く、一塁からの走者を刺すためには、二塁にストライキを投げ得るとの伝説も出来た。その福田は、平沼さんに愛された後輩の一人で、平沼邸の集まりの第一の精勤者であった。

これ等の集まりは、年中四季を問わなかったが、一つ年々吉例の定日は、一月二日であった。この日の午すぎ、吾々は平沼邸に集まり、——よく調べて見ないといえないが、この日が雨だった記憶はないように思う——年賀の言葉を交換した後、庭に出て運動し、終って揃って入浴し、夜は、横浜関内常盤町の八百政という古い料理屋に招かれるのが例であった。私は昔、父が横浜正金銀行に勤め、六十余年前の小児としての最初の記憶も横浜で始まり、小学校も、当時やはり関内の本町にあった、横浜学校に一年通ったというような関係から、人にも地名にも記憶の多い、この八百政の宴会を、殊に楽しみにした。福田が精勤したというのは、彼れがこの一月二日の集まりの皆勤者だったことを指すのである。私自身は、終戦まで約十年の皆勤者であるが、福田は更にそれ以前の二十年、即ち合せて三十年の皆勤者であったという。終戦後、平沼邸は接収され、当然この集まりも不可能になったが、一昨年復活されて、今度は日を一月四日に改め、横浜市長邸で、西洋のレセプション風で行われることになって、今年に及んでいる。福田はこの今年の集りを除く外、すべての会合の全出席者たる記録を持ったのである。ところが、今年の集まりでは、人々は声をひそめて福田の病状についてささやき合った。昨年の秋、慶應病院に入院した彼れは、この時、殆ど絶望状態に陥っていたのである。そうして間もなく、一月廿八日に彼れは病院で亡くなった。

私と彼れと相知ることは五十年来であるが、近年の彼れとの交わりは、殊に平沼さんと結び付くことが多かった。終戦後、彼れが幹事になって、私の家を会場にして年に数回、古い運動家が集まる会が出来た。出来てもう七八年になるが、その首席会員も平沼さんである。蓋《けだ》し始めは、終戦後久しく私が負傷後の半病人で、外へ出て行くことが出来なかったのを憫む人々の作ってくれた会であろうと察しているが、その会のたび毎に、福田が早くから現れて、私の妻と、食べ物飲み物の準備を相談していた伜が、いま私の目に浮ぶ。平沼さんの喜寿祝賀を、彼れと共にすることの出来なかった遺憾は、私としては殊に深い。

何時の集りでも、当然平沼さんが、談話の中心であった。平沼さんの話題の豊富は、すでに定評がある。私は、教授という元の商売柄か、きいた話を割合よく憶えている方なので、平沼さんは会うとよく、こういう話があるんですと、倉庫に物をでも貯蔵するように、私に話してきかせた。こうしてきいた話の幾つかは、これからあとで書くが、この話好きの平沼さんの声がつぶれたことは、自身の不自由はいうまでもなく、吾々友人の大きな損失である。一度夫人に、話す代りに少し物を書かれたらどうでしょう、と勧めたこともあったが、今のところ、その閑も無さそうである。それでも、私は幾つかの可笑しい話を、平沼さんから手紙できかされた。

平沼さんは筆まめで、手紙をよく書く。私も平沼さんに対しては筆まめの方で、今まで随分多くの手紙を書いた。可笑しいのは、互いに手紙に用件を書かないことである。無論長年の間に一度も用件を書かないとはいえず、調べて見れば、用談も手紙でし合ったかも知れないが、私がすぐ憶い出せるところでは、吾々は手紙で無駄話ばかりし合っていたような気がする。平沼さんは交際が広いから、手紙なんかも、愚図々々していれば、すぐ溜ってしまうであろう。外から家へ帰って、人から手紙が来ていれば、すぐその場で返事を書くということだった。今はどうか、先年の話では、太い、大きな筆に、タップリ墨を含ませて、巻き紙を左手に持って、立ちながらでも書く。大抵の手紙は、墨を継がずに、終りまで一息に書けるほど、筆に墨を含ませて書く、ということだった。そうして少なくも私との場合、通信内容の大部分は、無駄話である。

そういう往復書簡の二つ三つを憶い出して書く。

昭和十年頃であったと思う。平沼さんは珍しく熱を出して幾日か寝た。私は見舞状を出し、その端に無駄を書いた。

丁度その二三日前、或るテニスの対校仕合が行われた。その時、某校の選手の一人は、仕合が不況に陥ると、ラケットを投げ捨て、コオトの真中に坐り込んで、坐禅か何か冥想にふけるような形をした。見物は、その奇を衒《てら》う振舞を悪《に》くみ、それをスタンド・プレイだといった。ところが、また別に人があって、「坐っていてスタンド・プレイとはこれ如何に」といった。

私は右の通り書き、恐らく貴兄には、この問に対する解答があるでしょう、と言い添えた。高熱で寝ている筈の平沼さんからすぐ返事が来た。その要旨に曰く。

御尋ねの件は、世界運動年鑑一九六五年版を引いて見たら（無論そんなものはありはしない）その第×××頁に出てゐました。それを見ると、或仕合の途中で、選手の一人が坐り込んでしまつたので、見物が騒ぎ出して、口々に「立つてやれ、立つてやれ」(Stand up and play. Stand up and play.) といつた。これが、坐つてゐることをスタンド・プレイといふ起原ださうですと、あった。

これが卅八度何分とかの熱で、医者に安静を命ぜられている人の、即席自筆の回答である。

平沼さんの無駄話は、自分の観察か、或いは創作品であるが、私の方は、そうは続かないから、よく西洋の新聞雑誌の抜き書きをする。便利なのは週刊誌『タイム』の Miscellany という欄で、彼処には、よく手頃な、可笑しい事実譚が載っている。先日その二つ三つを借用して送った中に、こんなのがあった。

合衆国某州某市の Mrs.――は、裁判所に離婚の訴訟を提起した。夫某は、近頃テレヴィジョンでプロレスリングの仕合を研究しては、そのレスリングの手で、自分を投げ飛ばす。到底同棲に堪えられない、というのである。裁判長はその申し立をきき、至極尤もであると、離婚の判決を下した、というのである。

あとできくと、この私の手紙が着いたとき、平沼さんは丁度外出するところであった。受け取った手紙をポケットにして、車の中で読んだ。車の行く先きは、或る結婚式場である。平沼さんは媒酌人である。咄嗟の間、この手紙を媒酌人の挨拶に遣おうと考えた（という）。けれども、離婚の成立は、婚礼の場所には適さない。そこで大急ぎそれを改作してこういう話にした。裁判長は妻の申し条をきき、それは心得違いであろう。夫がレスリングの手を用いるのは愛情の一の表現に外ならぬといって、訴えを却下した。どうか、今日の新郎新婦もそのようにあって貰いたいと結んだら、大喝采であったという。

この話は、横浜の或る新聞に出た。その切抜を平沼さんから送って来たのを見ると、この材料は何処から出たと、チャンと私の氏名を明記してあるには閉口した。

まだ平沼さんの改作の例がある。

何年かの昔、私が教授で、大学予科入学試験に人物考査の手伝いをしていたときのことである。私は自分の前に現れた、感じの好い一青年に、君はスポオツをやりますか、ときいた。剣道とテニスを致します、という。テニスはナンキュウ（軟球）ですか、と私はきいた。テニスにキュウ（級）はございません、と彼れは答えた。

平沼さんはこの話を——たしか私の名も挙げて——何処かに書いた。それによると、私が、テニスは硬球（高級）ですかときく。青年は、イエ庭球（低級）でございます、と答えたことになっている。

聴くものは、大抵原物よりもこの平沼 version の方に喝采する。

こんな話を書き続けていてはきりがない。市長の任期を終えた平沼さんは、今度余儀なくまた市長候補に立たされるらしい。当選すれば、また忙しい四年を過ごさなければならぬ。しかし、その多忙の間にも、吾々は更に多くの無駄話を交換する閑を絞り出すであろう。私は切にそれを願っている。

一つ平沼さんに言われていたことを書き落とした。それは平沼さんが学校がよく出来たということである。

平沼さんが手で喉を抑えながらいう、その言葉通り書くと、「人はみんなあたしが学校が出来なかったと思ってるんです。それも無理ないんですが、実は出来たんです」という。殊に数学が出来て、人にも教えた。今有名な電力界の某大家が平沼さんの助けで及第したという伝説は、無根でないらしい。幼稚舎時代には、後の東大総長長與又郎博士より一番上席であったという。これは先日、自身幼稚舎長に調べてもらって、間違いないと保証した。平沼五番、長與六番か、平沼六番、長與七番か、であった。兎に角長與より一番上というところに気をつけてくれ、と言った。

私が画家か彫刻家だったら、喜寿を祝して平沼さんの肖像でも作るべきだろうが、それが出来ないからこんなものを書いた。

（『新文明』昭和30年5月号）

病気見舞

一度書いたことであるが、西洋の雑誌で「ベッド・サイド・マナアズ」という一文を読んだことがある。ベッド・サイド、即ち病床の側の作法を論じたもので、病人を見舞いに往ったとき、どんな事を言うべきか、どんな事を慎しまねばならぬか、を説いてあった。読んで成程と思うことが多かった。

人の病気を見舞いに往って、長々と自分の病気のことを話してはならぬといってあった。これもよくやる事であるが、病人の方では、見舞客から、一々自分の病気の経験談をきかされては、堪るまい。その経験談が長くなる中には、自然病人の気になることも出て来るであろう。兎に角、気をつけて好い事と思う。或る夫婦が子供を喪って哀しんでいるところへ、弔問に来た客の一人が、ながながと自分の子供の病気の話、そうして、如何にしてそれを癒したかの苦心談を始めたのを、きいたことがある。聴かされる夫婦は、随分忍耐を要したことであろう。病気見舞でも、人は時々これに類する過ちをする。私の友の一人に、病気の見舞状で、決して病状を質問せず、ただ速く全快するように祈っているという文言のみを記すことに定めて、実行しているものがある。これも一つの見識というべきであろう。見舞人の一人一人に容態を委《くわ》しく言わねばならぬということは、確かに病人にとって迷惑なことがあろう。（同時に、病人の方でも、あまり詳しく自分の病状を、殊に抑《そも》も病気に患ったその日の顛末《てんまつ》などを、精叙するのは、相手を悩ますことと知るべきである。親の子供に与える教訓の中には、自分の病気のことを、あまり、長々と見舞客に説明するものではないとの一ヵ条があっても好いと思う。）

病気見舞の贈り物にはどんなものが適当か。病人に全快の日の悦びを想わせるようなものが好い、例えば、といって、ゴルフボオルを挙げていた。日本でも病人に早く外出できるようにおなりなさい、と励ます心で履き物を贈ることが行われているとのことであるが、東西誰れの思うところも同じと見える。

私は戦争の末期負傷して、病院で半年寝て、二十貫余りの体重が十二三貫になって退院した。その時、運動界の長老H君が、ゴム底の運動靴一足を届けてくれ、早くこれを履いて自分の家へ運動しに来給えと言い添えて寄越した。H君の家の庭には、各種の運動の設備があり、昔、学校で運動をした仲間が、そこで半日を共に暮すのが、久しい間の仕来りで、私はその最も勤勉なる常連の一人であったのだ。だから、この贈り物は私を元気づけた。同時に私は、H君、病気見舞の故実を心得とるな、と思った次第であった。

（「平生の心がけ」『文藝春秋』昭和28年4月号）

Ⅲ　学生とスポーツ

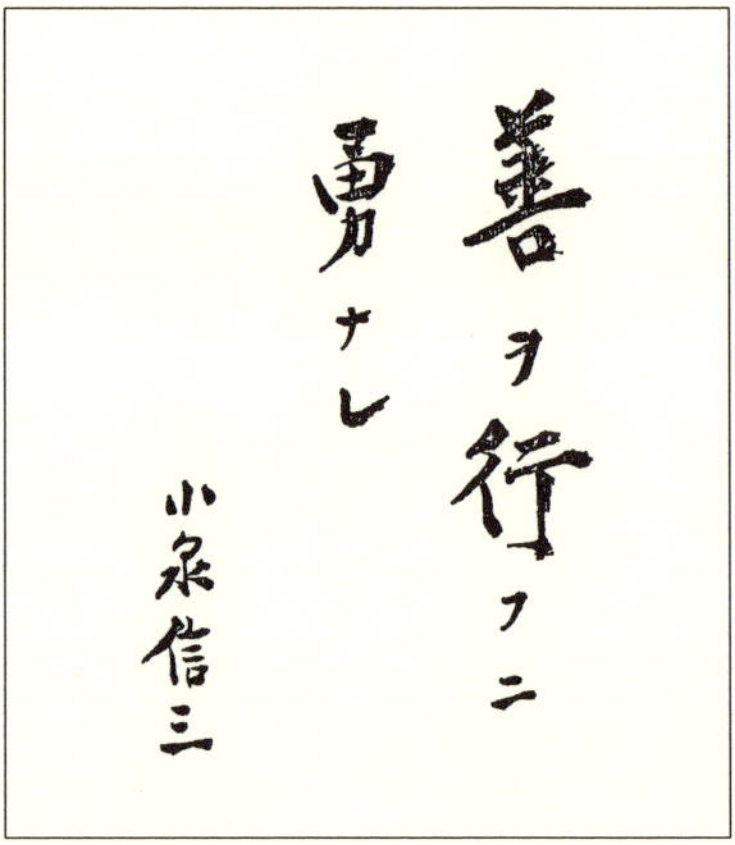

書斎にて（田沼武能撮影）

早慶戦

大学野球

スポーツを見るのは何でも好きだが、やはり第一は野球であり、その中では学生野球、ことに大学野球である。

技術は無論職業野球に及ばないが、学生選手が、自分一人の個人的利害のためでなく、母校を代表してその栄辱のために戦うという、その理想主義が私に訴える。それは人の心を純粋にするある力を持っているといえるだろう。今日有名な職業選手たちは、過去において大学または高校の選手経歴を持っているはずだが、彼等はみな顧みて、かつてひたすら母校の名誉のためにと、練習し、試合した日々のことを、なつかしく回想することと思う。昨年の日本シリーズに出場してよく働いた、東映投手の安藤が、日本シリーズよりも早慶戦の方が緊張した、と語ったというのをきき、さもあるべしと、私はうなずいた。

出場選手のみではない。両校の応援学生数万人が声をからして母校の歌を歌うということも、彼等の学生生活を張りのあるものにするであろう。今日対校競技は私大の方が国立大学よりも盛んであるが、それは多くの私立学校の教育上の長所をなすものであるといえる。かりに対校競技に熱中した体験を持たずに終わった学生生活は、学生生活というに値しない、というものがあっても、それはさほどの言い過ぎとは思われない。たかが運動競技などというのは、出世主義の秀才あたりの言い草にすぎない。

私は六大学の試合をたびたび見に行き、テレビなどに映されたこともあるが、神宮球場のあの貴賓席から（もと慶應の塾長であったというので、私は今も貴賓席券を贈ってもらう）外野の芝生、その彼方に立つフラッグポール、さらに遠くの神宮絵画館の屋根を見渡す気持ちは真に格別という外はない。私は野球試合そのものの外、好んで六大学リーグ戦の開場、閉場の式を観る。学生バンドの「君が代」吹奏の下に観衆一同起立して遙かにセンター後方の旗竿に国旗が掲揚され、また静かに引きおろされるのを望み見る気持ちは――何ともいえない。あれは日本人が最も生意気な了見を忘れるひと時だといえるであろう。さらに閉場式の場合、国旗下降が終わると、選手一同は「回れ右」して向きをかえ、吹奏し出される別れの曲「螢の光」とともに行進を起こして順次退場する。

シーズン中、席を並べて試合を見た人々は、たがいに「ではまた秋に」「ではまた来年の春に」と挨拶を交して別れ、散じる。それは人々に一抹の哀愁を感じさせるとともに、シーズン中健闘した青年等に幸い多かれと思う心を切ならしめるひと時であるが、そのひと時を実に愛すると私はいいたいのである。

（『報知新聞』昭和38年1月1日）

「信なきものは去る」

野球の序でにもう一つ。

野球に限らないが対校競技の応援学生で、味方の旗色が好いと騒ぎ、悪くなると、ゾロゾロ帰りかけるものがある。いかにも頼もしくない仕業である。競技の応援など、どうでも好いことで、野球の応援者のみが愛校者でないことは、いうまでもない。けれども、来なければ兎に角、来て応援をしながら、旗色の次第によって、友を非境に見捨てて去るというその料簡には、何か誠実を欠いたものがあるように思われる。これは私だけがむずかしく考えるのかと思うと、決してそうでない。

戦前の或る時、アメリカ法学界の泰斗《たいと》として尊敬されていたウィグモア博士と、東京で一緒に野球仕合を見たことがある。この人は、六十余年前、慶應義塾が始めて大学部を設けたときに、招聘《しょうへい》されて来て、その法律科の主任教授となったのであったが、殆ど半世紀を隔てて再び来朝した。慶應にとっては、謂わば塾賓のようなものであるから、私は毎日のように方々随《つ》いて歩いた。野球が好きで、昔、横浜外人ティイムのショオトもやったということであったから、或る日、神宮外苑の仕合に案内した。ところが、丁度この老博士の見ている前で、旗色の悪くなった方の学生が立ってゾロゾロ帰りかけた。博士は苦がり切ってしばらくそれを見ていたが、独語のように、「faith（信）なきものは去って行く」といった。それは正に私の言わんと欲するところであった。

仮りに海上で船に浸水が起り、乗員一同ポンプに取りついて排水に努めているとする。排水は成功するかも知れず、しないかも知れぬ。しなかった場合、ポンプに取りついていたものは、逃げ損うかも知れぬ。この時、機を見るに敏、もしくは過敏なるものがあって、仲間の心づかぬを幸いに、自分だけ助かろうとしてボオトを卸したらどうであろう。更に排水が成功して、船が助かったとき、その男がまたボオトから本船へ乗り移ろうとしたらどうであろう。勿論船の排水と、野球の応援とは同じでない。けれども同じく友を非境に見捨てて去るところに、或る共通があるとはいえるであろう。ウィグモア博士が「信（フェイス）なきもの」といったのは道理である。

先頃の新聞に、東ドイツで、先年までナチ党員として最も先きに立って旗をふり廻した連中の或る者が、今日は、最も花々しい共産主義者として、やはり先きに立って旗を振っているということが書いてあった。仮りにそれが事実であるとし、更に同じく仮りにこの連中が野球の応援に出かけたとしたら、やはり味方の旗色が悪くなると、早く席を立って引き上げる仲間であろう。

日本の思想界にもその例を求めることは難くない。

（「平生の心がけ」『文藝春秋』昭和28年1月号）

野球試合について

早稲田大学との野球試合の日がまた近づいて来た。諸君はまた熱狂して球場に赴くことであろう。三十余年前自分の学生時代のことを憶えば、私の身にも覚えがある。私も当時盛んに各種の対校競技を見に行って、塾の勝利のために熱狂する学生であった。国を愛し、故郷を愛する情とともに、母校を愛し一身の利害を忘れて母校のほまれを願う心は、人間感情の最も至純なるものの一つである。母校を愛する心は国を愛する心と相通ずる。愛国の人は即ち愛塾の人であると謂って好い。出場する選手も、選手を鼓舞する一般塾生も、ともに慶應義塾塾生の名に恥じぬようにしっかりやって貰いたいと思う。応援の仕方について協定があるようだが、それを厳守すべきことは勿論である。

世間には或いは試合の勝敗は問題でないという者がある。私にはそんなことは考えられぬ。試合をするからには勝たねばならぬ。勝っても敗けてもどうでも好いなどという競技があるべきものではない。ただ——ただ、諸君の一瞬も忘るべからざるは、我々の勝ちは公明正大の勝ちでなければならぬという一事これである。先年私は久しく体育会の或る部の部長をしていたが、当時私の繰返し繰返し選手に告げた言葉は「試合をやる以上は勝て。ただ忘れても汚ない、卑怯な真似をしてくれるな」というのであった。今日、選手及び塾生諸君に向って告げんと欲する言葉もまたこれである。

野球は眇《びょう》たる一つのスポオツに過ぎぬ。しかし野球試合場における選手及び一般塾生の態度は、屢々《しばしば》以て一校学生の道徳的水準をトせしめる。球場に臨む塾生はその一人一人が慶應義塾の栄誉を担う者であることを忘れてはならぬ。小さな成功を喜んで喧噪して度を失うが如き、或いは戦況の不利なるに際して直ちに心挫けて意気沮喪《そそう》するが如き、ともに塾生として最も恥辱としなければならぬ。また選手についていえば、例えば、凡フライを上げて真剣に一塁に突入することを怠るが如きは、運動家として許すべからざる弛怠であって、かかる選手はもしその心がけを改めなければ、必ず人生の失敗者となるであろう。また一般応援者の中には往々多勢をたのみ、遠距離をたのんで、相手方に対して口汚ない個人的悪罵を放つものもあるようだが、親の躾けのほども思いやられる卑劣の行為であって、塾生諸君は忘れてもこんな真似をしてはならぬ。

運動競技についてはなお申すべきこともあるが、今日は以上に止め、ただ塾生諸君の奮発と自重とを期待するという言葉をもってこの文を結ぶ。

(『学府と学風』慶應出版社　昭和14年10月)

清潔競争

人に招かれて京、大阪に一遊し、名所見物もして来たが、その新緑の美しい名所や、往き来の乗り物内に、しばしば紙屑やタバコの吸いがらの捨て放題という光景を見るのは残念であった。今更のことでないといえば、それまでであるが、何とかならないものであろうか。

紙屑や吸いがらを捨てちらかすのは、別段緊急の必要があってするのではない。紙屑をその場に捨てなければ、人は生活に差支えるのでもなく、苦痛に堪えられぬというわけでもない。公共の物や場所を汚損することを恥じる僅《わず》かばかりの気持ちと、同じく僅かばかりの克己の練習があれば、問題は片づくはずである。小児や少年は、父母や教師がそれを教え、そうして少しばかりその範を示せば、すぐに理解して実行するであろう。それをしないのは怠慢と、誤った甘やかし自由主義に外ならぬものと私は思う。甘やかされて育った人間が、大人も子供も、いかに人に迷惑をかけるか、自分もいかにそれで損をするかは、よくよく思うべきであろう。

亡くなった平沼亮三君がやはり始終同じことをいっていた。彼れはしばしば神宮球場、その他の競技場で、競技の行われたあとの観覧席の乱雑不潔の有様をなげき、機会ある毎にそれを説くとともに、紙屑籠の設置などにも心を配ったのであったが、その志は、今日まだ達せられたとはいい難い。先年、或る東京駐在の外国公使で、野球好きの某氏と神宮球場でよく一緒に仕合を見たが、その人は、何時も小さな灰皿を携えて来て、自分の吸ったタバコの吸いがらをそれに収め、仕合がすむと、あとを片付けて帰るのが常であった。平沼君はよくこの人のことを例に引いて、同胞の注意を促していたのを憶い出す。それはたしかに或る効果があったと思うが、戦後、おとなしく人の注意をきかないことが即ち民主主義だとする風潮が起ったので、逆戻りした嫌いもあるように思われる。

この問題に強力な新聞に乗り出してもらいたいものと思うが、出来ない相談なのであろうか。

日本の国土を、吾々が前世代から受け取ったそのままよりも、より美しいものにして次ぎの世代に引き継がせたいということは、吾々の不断の念願であるべきだと思うが、日本の次ぎの世代のために、紙屑や吸いがらの散らかっておらぬ日本をのこすということは、たしかにやり甲斐のあることだと思う。今の季節に汽車に乗って見ると、観光団らしいバッジを胸につけた外国人の群れに出会うことも多い。それ等の人々にも、どうか清潔な日本の印象を与えて帰らせたいものと思うが、それは無用の虚栄心であろうか。私はそうは思わない。人の見る目も恥かしい、という、その恥を知る国民で、日本人があるか否かということは、大きい問題であると思う。

突飛なようだが、清潔競技というようなことは、出来ないものであろうか。例えばA大学とB大学と野球仕合をするとする。仕合の勝敗は、無論ホームインの得点数できまる。しかしその外に清潔点をつけることにする。仕合の終了した後、両大学の応援団席を点検する。仕合には敗けても応援団席は整然と片付けられて、紙屑一つ落ちてないという次第ならば、野球には敗けても清潔なる大学の折り紙はつけられる。反対に、仕合は勝っても、応援団席は紙屑だらけ、吸いがらだらけという始末なら、これを不潔なる大学と認めるのである。仕合にも勝ち、応援団の引き上げた跡も整然としていれば、それは全く申し分ない。仕合にも敗け、あとの座席もメチャメチャなら、文句なしの完敗という次第である。

これは一時の思いつきで、この通りに行わなくても差支えないが、公共の物や場所を大切にするということは、スポーツマンシップの一カ条にして、是非学校の名誉とともに護ってもらいたいものである。方法は考えれば色々であろう。新聞で、もっときびしく問題にすることを望みたい。修学旅行その他学生生徒の団体行動の場合等々、また然り。

すべて気ままに振舞うことを、そのまま許すのが即ち自由の尊重だと考えるべきではない。水泳の心得のないものが水に落ちた場合、気ままに手足を動かせば溺れる。水に浮ぶためには、必ず手足を或る法則にかなった動かし方をしなければならぬ。その動かし方は、気ままでなしに、これを学び練習して得なければならぬ。学ばなければならぬということは、当然それだけの窮屈を意味する。しかし、この窮屈を経てはじめて人はよく水を制御することが出来るのである。人間にとって、水に浮ぶ方が自由か。溺れる方が自由か。溺れる方が自由で望ましい、というものでない限り、勝手に気ままにふるまうよりも、自ら気ままを抑制することによって却《かえ》って自由が――少なくともより多くの自由が――得られることを認めなければなるまい。

勝手に紙屑を捨てられないことは、人間の大切な自由を、少しも損うものではない。

（『産経新聞』昭和34年5月11日）

幼稚舎生との野球試合にて
（日吉での春季同窓会　昭和11年5月10日）

早慶庭球仕合

いい年をしながら、私は今でも早慶庭球仕合を見ると熱中する。大正十三年に早慶仕合が復活してから、この秋で満十三年になる。はじめの三年間は負けつづけで六—〇とリイドされたが、昭和二年から勝ちはじめてただ昭和四年の春と五年の秋と七年の春と三度つまずいた外は一度も負けないから今は九対十六とリイドし、しかも最近四年間八仕合連勝のレコオドまで作ったのは庭球出身者として愉快な事である。

しかし吾々は単に勝利の記録を掲げて満足するものではない。私は今回顧して十三年間両チイムとも実に見事に、よく戦って来たのを嬉しく思うのである。六戦連敗は私の部長時代である。私は選手諸君がこの連敗に少しも屈せず、常に強敵に対して平素の実力以上に戦って来たことを立派だと思う。同時に昭和二年以後早稲田の選手が実力の優れた塾に対して終始実によく戦うのを敬服している。私は無論仕合に勝つのが大好きである。しかし仕合に負けたあと、選手等が次の仕合まで黙々として歯を喰いしばって練習する姿を見るのは更に一層好きである。一度この体験を持った選手等は、年長じて後、青春時代を回顧して、必ずその選手生活が無駄でなかったことを痛感するであろう。

私は塾の連戦連勝を喜びつつまた早大の選手の健気な覚悟を想察してひそかに、同感に堪えないのである。しかしこれは互いに尊敬する好敵手を持つ人にのみ許された特典である。この点において早慶二大学の庭球部員は実に恵まれているといっていいと思う。両庭球部ともに規律厳正で礼儀を尚び、出身の先輩もその部を我が家の如くに愛するのはまことに故なきことではない。

先日まで子供だとばかり思っていた、庭球部の本科一年の選手等が来年は自分達で早慶仕合を引受けなければならぬと覚悟して、この夏休み、特別の練習を積むために、日吉に居残ったというのは頼もしい話である。或る晩その中の重立ったものが二人やって来た、目的は練習中に要する菓子、果物を私からせしめようというのである。私は彼等の日にやけた顔を眺め、自分の昔厄介になった庭球部も、こんな連中がこの気持ちになってくれれば心配ないと思い、忽《たちま》ちいい気持ちになって菓子料若干金を献納したのである。

（「慶應義塾庭球部部報」昭和11年春第17号）

青春は歌に連なる

青春は歌に連なる。

慶應義塾の学生であり、卒業生である吾々の誇りと歓びは、たゞ歌によって感じ、歌によって現すことが出来る。私は今七十余歳の老人で、普通部生として入学を許されたのはもう六十年の昔になるが、この六十年の間に、私は幾百千回塾の歌をきゝ、また、自ら歌ったことであろう。対抗競技に於て、高く慶應義塾の旗をかざして戦を挑むとき、試合の形勢が不振となりややもすれば挫け沈まんとするわが選手の心を励まし振い立たせるために、そうして最後の勝利の光栄と感激を、友と抱擁しても言い現す言葉もないときに、吾々はいかに幾たび塾の歌を歌ったことであろう。

慶應義塾学生よ、歌へ、歌へ、歌へ。

塾の学生である誇りと歓びを新たにするために。栄光多き塾の昨日を思うために。そうして更に輝やくよりよき明日へ、吾々の歩みを踏み出すために。

（『慶応歌集』昭和37年3月）

別離

或る日の夕方、一人の若い記者の訪問を受けた。記者としての用件は、別にここには関係がない。ただその人は、挨拶の始めから見覚えがあると思っていたら、果たして、今年（今は昨年）の慶應義塾卒業生で、在学中、一度私を尋ねて来て、話をしたことがあるという。いわれて直ぐ憶い出した。一二年前たしかに会って話をした青年である。学生服が背広に変り、すべてその時より大人びて見えたので、憶い出せなかったのである。彼れはその時の話を、もう一度くり返して私に聞かせた。

戦争中、彼れは或る工業学校の学生として、霞浦海軍航空隊で、飛行機の整備に働いていた。一夜、一台の飛行機の故障の修理を急いでいると、若い操縦士は、心配して、着き切りに作業の傍に着いていた。偶々《たまたま》その士官と話をすると、それが応召した慶應義塾の学生であった。彼れは恐らくこの修理された飛行機で、死地に赴く任務を帯びていたのであろう。そのあわただしい少時の閑に、彼れは初めて会った私の訪問者を相手に、母校のことを語ったという。そうして、その塾長であった私のことを語ったという。その頃、三田の山の上の学生食堂を、学生は山食《ヤマショク》と呼んでいた。そのヤマショクで、彼れは私に会ったというのである。彼れが友達と食事をしているところへ、私が入って来て、同じテエブルについて、彼等と話をした。話の間に、私は学生の行儀のことなど言ったそうである。その事を語って、若い操縦士は整備員にいった。もしも何時か君が先生（小泉）にめぐり会う機会があったら、今夜の事を伝えてくれまいか、また自分がその時の訓えをよく覚えているといっていたと、伝えてはくれまいかと。

託せられた青年は、その事を手帳に書き留めて置いたが、後に火災でそれを失った、それから年が立ち、終戦以来様々の変動と混乱があった後、図らずも自分自身が志望を変えて、慶應義塾に学ぶことになった。肝心の手帳を失い、また空しく年月が立ってしまったが、その夜の事は一度お伝えしなければならぬと思って、伺いました。というのであった。

伝言を託した士官の名を、彼れは心覚えのままに告げたけれども、それは私に何事も憶い出させなかった。ヤマショクでの談話といっても、その頃私はヤマショクで、またそれ以外の場所で、応召して出て往く無数の学生と会って話をしたから、それだけでは、特別に何を憶い出す途もない。私は、ただ一人の青年が、恐らく死地に赴く任務を前に、かりそめの少時の友に母校の事を語り、そうしてその長であった私の名を口にしたということだけを、聞かされたのである。

若い出身者にとって、母校とはこれほどのものであったのか。そうしてその総長であった私は、その人の面影を知らず、生死を知らず、ただその青年の母校を思う言葉だけを伝えられて、その伝言に答えるすべがないのである。私は言うべき言葉もなく、ただ胸に微痛のようなものを感じて、黙っていた。そうして戦争中、一時に多くの学生を送り出したときの事を回想した。

開戦の次年である昭和十七年は、兎も角も過ぎた。十八年の二月には、ガダルカナルからの「転進」が行われ、五月には、山本聯合《れんごう》艦隊司令長官の戦死が報ぜられ、続いてアッツ島守備隊が全滅した。六月には、米軍はガダルカナルよりも西方のレンドバ島に上陸し、十一月には、ブウゲンヴィルのトロキナに上陸し、十二月に至って、難攻不落と称せられていたラバウルの在る、ニュウブリテン島の一角に取り着いた。

この戦局を前にして、政府は遂に学生を起たせることに決意した。十月の某日、学生の徴集猶予の停止が発表された（理工科学生は姑《しば》らく入営延期）。学生は静かにこの決定を迎えて、それぞれの用意をした。今は八年余の昔の事になってしまったが、私は私の知る学生のために書いて置かなければならぬ。日本の運命が迫ったときに、国の危急に赴いた、日本の青年の態度は、世界のいずれの国の青年にも劣らぬ立派なものであったと言うに憚《はばか》らない。入営入団の日の来るまで、学生等は、学生としての彼等に残された数十日の日々を惜しみ、却って平常の日よりも勤勉に登塾して、課業に精励するように見えた。三田の山の上では、校庭の此処彼処に、やがて出て征く学生等が、特に親しい者同志五人十人群をなして、芝生の上で語り合い、またよく仲間同志で記念写真を撮り合っている景色が見られた。偶々そこへ行き合せて、一緒に入ってくれといわれ、カメラの前に立たされたことも、幾度とは数えられぬ。私への伝言を依頼した青年と、ヤマショクで話をしたというのも、多分その頃ではなかったろうか。また私は出征する学生に頼まれて、日々国旗に揮毫した。その数も千以上に上ったであろう。先日単行本として出版された久保田万太郎の作品『樹蔭』の中に、一人の青年が、それと名は指していないが、私に相違ない人物が国旗に書いて贈った言葉を、心に留めるという意味の事があるのを読んで、この時も当時の事を憶い起こした。

やがて入営入団の日が近づいたので、慶應義塾では十一月二十日、大講堂で戦歿塾員慰霊祭を営み、二十二日には、校庭の稲荷山の下に臨時に設けた大会場で、壮行会を行い、私が出て往く人を送る言葉を述べた。

それは初冬の美しく晴れた日であった。式が終ってから、塾生は大講堂の前の広場に、送る者と送られる者と相対して整列し、塾の様々の歌を歌い、また肩を組み、前後左右に大浪のように揺れ動きつつ、対校競技に勝ったときの歓喜の歌を合唱した。

それが終って、塾生は四列縦隊を成して三田の丘の坂を降りて往った。私は、教授職員の人々とともに、正門の傍でそれを送った。塾生等は口々に、思い思いの言葉で、別れを告げた。門を出た塾生は、三田通り、寺町、白金台町と行進して、大崎の常光寺に、福澤先生の墓参をした。

私は門で最後の学生を見送ってから、自動車で行進の跡を追い、先生の墓の前で、再び塾生と別れの挨拶を交わした。

それを終えて、私は午《ひる》過ぎ塾へ還って来た。数時間前の熱情的な光景に引きかえ、丘の上には人影は疎らで、日は空しく明るく、校庭は空しく広く思われた。墓参を終えた学生の中には、名残りを惜しんで、また山の上へ帰って来たものもある。今別れて来たばかりのその学生等に会うことが、遠国の旅から帰国した昔の人とでも、再会したように感じられた。

それから八年たった。幸いにも終戦の後、あの時塾の正門で送られて出ました、という、多くの若い人々と、私は生きて再会することが出来た。しかし、あれが別れとなってしまった人々も、必ず少なくないのである。戦争末期の一夜、霞浦航空隊の飛行場で、偶々話し合った一整備員に母校の事を語り、伝言を託したという若い海軍軍人は果たして誰れか。

（『新文明』昭和27年2月号）

「平和来」の像（慶應義塾三田キャンパス塾監局前）。
台石には「丘の上の平和なる日々に征きて還らぬ人々を思ふ　小泉信三識」と刻まれている。

◆コラム◆

出陣学徒壮行早慶戦

相田暢一

戦線日々苛烈の度を加え、文字通り総力戦の秋《とき》、遂に学生に徴兵延期停止の命が下り学徒出陣となった。勉学半ばにしてペンを捨て銃を執って雄々しく前線へ征くときが来た。しかしこの反面心の寂しさは覆うべくもなく、学生生活の思い出が走馬燈の如く眼前に浮んでくる。

このとき学生の心境を一番熟知されて、何か門出の餞《はなむ》けにと配慮して下さった方に、慶應義塾長の小泉信三先生があった。学生がこのままの気持でいたのでは国のためにも充分尽すことも出来ない。何か一つ学生生活にピリオドをうたなくてはと考えられた。それには一番思い出に残り、その上全校生が参加出来るものは野球であると断ぜられ、当時の塾の野球部長平井新先生から、早稲田の大先輩飛田穂洲さんを通じ、早稲田大学へその相談が持ちかけられた。そして、その場所は両校の学生が一堂に集り得る神宮球場と云う申出であった。

しかしながら、この慶應の立派な意義ある申出に対して、残念であったが、早稲田はすぐには応ずることが出来なかった。当時の社会情勢は、野球に対してはただ弾圧を加えるばかりであり、この世論を押切ってまで試合を実現するだけの肚がなかったからである。勿論、当時神宮球場で早慶戦を行うには、いくつかの難事があることは想像されたが、小泉先生の意志は固く「神宮球場使用については、私が軍部や文部省と折衝の任に当ろう」と申された程であった。

このような先生のお考えにも拘らず、早稲田大学当局の態度は、試合を行うことに強く反対で、試合の実現までには慶應側に対して、なお幾多の迷惑をかけた。そこでこれ等の事情を察した慶應は、若し神宮球場が駄目なら日吉でも戸塚でも良い、いっそ戸塚球場にしてはと、申出の変更さえあった。それでもこれを受けた早大当局は、戸塚球場は地元でもあり、万一事故でも起きたらこれらの責任は誰れが取るのかなどと、相変らず世評のみに拘泥した。

早稲田の野球部は、学校当局の許可ないまま試合を挙行する決断をしていた。そして愈々《いよいよ》試合日の十月十六日（昭和十八年）を迎えた。両校校歌は都の杜に谺《こだま》して、何んの混雑事故もなく整然と試合は開始された。折から、小泉先生が来場された。私は先生を特別席へと案内したが、先生は「私は学生と一緒の方が楽しいのです」と云われて、そのまま学生席へおいでになった。私は思わず目頭の熱くなるのを覚えた。この壮行試合を挙行するに当り、先生の英断のもと慶應側の一貫した立派な態度、先生の学生への思いやりなど考え、塾長に先生のような立派な方を戴く塾生が、これ程までに幸せに見え、うらやましく感じたことはなかった。

出陣学徒壮行早慶戦の選手達

試合は十二時、慶應の先攻で開始されたが、結果は一〇対一で早稲田の勝利となった。早稲田応援団から湧く「頑張れ頑張れ慶應」の声援、慶應側より有難うの声、プレーする者、応援する者、一体となって今日の壮行を祝ったのである。突然何処からともなく沸き上る「海行かば」の厳粛なる歌声は、やがては球場を圧し、早稲田の杜をゆるがし、両校学生の心は一つになって、征く者すべて友であり、戦場での再会を約し、お互に明日の敢闘を誓うのであった。

（『小泉信三全集』第23巻月報23
文藝春秋　昭和44年2月）

スポーツと教育

福澤諭吉とスポーツ

福澤がスポーツマンであったとは誰れもいわないが、スポーツをやれば相当のところまで行けた人ではなかったかと、私はときどき思う。体格は偉大、膂力《りょりょく》はすぐれ、そうして、自分でもいう通り、手先きは器用であった。今でいう、運動神経は十分ある方であったと思う。但し練習の機会がなくて、水泳も出来ないと自伝の中に語っているが、やればものにしたであろう。

福澤のやった体技で話題にできるのは居合《いあい》即ち、抜刀術で、これは素人ばなれしたものであった。私は十歳前後の小児のとき、福澤が庭で居合を抜くところを見て憶えている。三田の慶應義塾の丘は、今は福澤在世の当時とスッカリ様子が変ってしまっているが、福澤の晩年、即ち十九世紀末、二十世紀始めの頃、福澤の居邸は三田の丘の東南隅を占めていた。その丘の麓に下ったところにほぼテニスコートほどの芝生の平地があり、福澤の家ではこれを「ガーデン」と称していた。そのガーデンで居合を抜くのを見たのである。

少し前屈みながら、肩幅の広い福澤が、浴衣、たすきがけ、跣足《はだし》で（草履ばきであったか？）立ち、かけ声とともに刀を抜き、踏み込み踏み込み、刀を振り廻し、また鞘におさめる。同じことを幾たびもくり返す。

福澤は千本抜き、千二百本抜きの記録を手記している。同じことを一千回または一千二百回くり返したのである。

その振り廻した刀の重さがどうかというと、やはり手記によると、鍔元から長さ二尺四寸九分、目方三百十匁のものであった。今日六大学あたりの野球選手が使うバットが二百三十匁から二百五十匁というし、硬球テニスのラケットが約百匁であるから、福澤は野球のバットよりも三〇%重く、ラケットの三倍の重さの鋼鉄の棒を、数時間に亙って振り廻しつづけたという次第である。

千本抜きに要した時間が、やはり記録にある。「午前八時半少し過ぎより午後一時までに終り(即ち約四時間半)休息なし」であるから、千二百本抜きの時間は、それに準じて更に長い筈である。また、この居合の間に当然一定の場所を往き来する。「足をはこばすことも五千二百間、凡二里半ばかりなり」と、福澤は或る手紙の中に書いている。それが明治二十七年、福澤の数え年六十一のときのことである。

そうして福澤は右の千二百本抜きの翌日の手紙——前記の手紙——に「今朝更に腰痛を覚へず、年中慣れたるが故ならんと子供等へ誇り居り候」といっている。

くり返していうと、六十一歳の老人が五時間あまりの間、休みなしに二里半ばかりの道を絶えず往き来し、野球のバットより三〇%も重い鉄の棒をそのあいだ中振り廻しつづけたということである。それは驚くべき老健といいたいが、実は無茶な運動と評した方が正しいかも知れぬ。兎に角福澤諭吉が老いて愈々《いよいよ》剛強をよろこぶ人であったことは間違いないといえるであろう。

さてその居合の腕前であるが、福澤は青年の頃同藩（豊前中津藩）の居合術師範中村庄兵衛という人について学んだということであるが、晩年（六十四歳のとき）の手紙に「明日は仙台人の矢部某と申す抜合《イヤイ》の達人が参る筈」だから一緒に見てはどうか、と或る人にすすめたものが書簡集に収められている。

この矢部某の言であったかどうか、私の記憶が不慥《ふたしか》であるが、或る剣客が福澤自身の居合を見て、その、風を斬って鳴る刀勢を認め、あれだけの勢いで斬りかけられると、仮りに受け留めても、受け太刀もろとも斬られてしまう、と語ったという話が伝えられている。兎に角相当のものであったと思われる。

この外福澤は馬にも乗った。明治二年腸チフスを患い、病後健康のために乗馬を始めて、東京市の内外を乗り廻ったということで、乗馬服姿の写真ものこっているが、騎乗者としての伎倆がどれほどのものであったかは聞いていない。

ただ自伝には可笑しい話が語られている。人々と一緒に馬で向島を回って上野の方に帰ってくると、土手のようなところを通る。アア、あれが吉原か、と気がついて、

「ソレではこのまま馬に乗って吉原見物をしようじゃないかと言いだしたら、連騎の者が場所がらに騎馬ではあまり風が悪い」

と止めたので、それきりになってしまって、まだ吉原というところを見ない、という。

西洋のスポーツに対して福澤がどれほどの趣味と知識とを持っていたかは、よくきいていない。明治二十一年の一月、当時アメリカ留学中の次男捨次郎に、テニスの道具は横浜でも買える、と云い送った手紙がある。

これより先き捨次郎は、兄一太郎とともに、明治十六年六月以来アメリカに留学していたのであるが、在学中テニスの趣味を知ったものか、帰国の途に上るに先だち、その用具が日本でも手に入るかどうかを、父に問い合せたものと見える。福澤の明治二十一年一月十六日の手紙の一節にいう。

「ローンテニスの道具は横浜にて調ひ候よし。未だ其直段を聞かず。直段次第にて其地より携へ帰るも然る可しと存じ候。次便直段を申し越し候上にて一考致されたく候」

更に次便（一月二十三日）の一節にいう。

「ローンテニスの道具、横浜にての直段は□（ラケットらしきものを描く）の如きもの四本とゴムの玉十二個を壱組として其《その》価凡《およ》そ二十五、六円と申す事なり。直段次第にて米国より携へ帰る様致し度く、場所は旧馬やの処を芝に致し、平地幅七、八間長さ二十五、六間あり、テニスには丁度宜しと人も申し居り候」（福澤諭吉全集第十八巻一九五、二〇一頁）

この文面によると、このとき福澤はまだラケットという名称を知らなかったらしい。しかし、庭の広さが「テニスには丁度宜し」と申す人もあったというから、テニスというゲームがすでに知られていたことは明らかである。この庭が始めに私が、福澤の居合を抜くのを見たと語った「ガーデン」である。

但しそれは更に幾年か後のことで、私の見た頃にはもうテニスコートとして使用されていたようには見えなかった。

（『文藝春秋』昭和39年3月号）

学校とスポオツ

何かスポオツについて書けという註文を受けたが、私は慶應関係の事しか知らないからそれを書く。

慶應義塾における体育奨励は随分古い。慶応四年、即ち明治元年に福澤塾は築地鉄砲洲《てっぽうず》から芝新《しん》銭座《せんざ》に引越して来て、初めて慶應義塾という名称を定めた（新銭座から今の三田の山に移ったのは明治四年）。この時立てた塾則の中には、「一、金銀の貸借を禁ず、」「一、門の出入は夜五ツ半時を限る、」「一、夜中音読を禁ず、」等の尋常普通のものから、「一、社中の人は元来文を事とするものなれば、何等の事故有とも、抜刀不致は勿論、仮令《たと》ひ刀を拭候節も、私席にて無用たるべく、必塾中の執事へ相届、講堂の傍人なき処にて鞘を脱すべし」という今の人に珍しい個条などもあるが、その「食堂規則」というものの一条に「一、午後晩食後は、木のぼり、玉遊等『ヂムナスチツク』の法に従ひ種々の戯いたし、勉て身躰を運動すべし」とあるのは注目を要する。故老の話によると、その頃から既に塾には運動場の設けがあって、ブランコ、シイソオ等の運動用具を備え付けてあったということである。今では何でも無いことだが、その頃の学塾で運動を奨励したのは余程の先見であったと思う。福澤先生は何事にも新機軸を出し、自他共に西洋文明の一手専売者をもって許していたが、これで見ると運動体育のことについても先覚者だったのである。未だ帯刀のままの士族書生がブランコ、シイソオで運動する光景は余程奇妙なものであったろう。

福澤先生自身は非常な勉強家であったが、しかし学生が蒼い顔をして本ばかり読んでいることは好まなかった。何でも時弊を矯めるためには極端な言葉で罵倒するような先生であったから、運動体育の奨励についても鹿爪らしい理窟は抜きにして、先ず獣身を養って然る後人心を養え、などと言ったものである。世間普通の教育家ならば、勿体らしく、宜しく智育体育の両全を図るべしなどと言うところだろうが、先生はそんな当り触りのない、気の抜けた物の言い方はしなかった。そういう万事積極的な、元気の好い、勇ましいことの好きな先生であったから、近年のような盛んな対校競技を見たら、随分若い者と一所に、否な或いはその先きに立って力瘤を入れたろうと思われる。殊に先生は外国人に負けることが嫌いで、東洋における西洋人の横暴を人一倍憎んだ愛国者であったから、オリンピック競技の成功などはきっとひどく喜ばれたに相違ない。

先生の運動奨励は右の通りだったが、しかし慶應義塾の運動競技は決して何時も盛んだった訳ではない。私は家が学校の構内にあったので、入学する以前から始終運動場で見て知っているが、明治三十四五年までの野球部などは随分弱いものであった。一頃仕合には負けてばかりいたようである。一高は無論問題にして呉れなかった。明治学院、横浜商業、正則中学などが好敵手であったと

幼稚舎玄関前にて（前列向かって右端が小泉信三　明治35年頃）

いいたいが、いずれにも負けていたらしい。ボオトも横商と横浜港内でやって大敗したことがある。

野球部が面目を一新したのは、宮原清が主将で、そこへ大投手強打者の櫻井彌一郎が信州上田から転学して来た明治三十五年の頃からであろう。士気頓《とみ》に振い立ったように見えた。後進選手にも有望な人材が輩出した。中で特に天分豊かに見えたのは、福田子之助（今の島田善介）と阿部章藏（水上瀧太郎）とであった。阿部は中途で止めてしまったが、福田は後にあの通りの大選手になった。そうして明治三十七年になって、当時球界に覇を称した一高に始めて勝つことが出来た。この仕合、九回の裏櫻井の本塁打によって辛うじて勝った時には吾々塾生は皆な夢に夢見る心地であった。代走者の吉川清が本塁に走り込む。捕手が球を捕る。落とす。それで勝敗逆転したという、まるで野球小説にもあるような光景であった。

野球部とともに他の体育会各部も振い出した。ラグビイ蹴球部、水泳部が新設せられたのもその頃のことであった。私は庭球部に入っていたが、庭球部もその頃から元気付いて、当時連戦無敵の高等商業を倒し、後に早慶時代というものの端を開いた。今から顧みても、一時に春の潮が押し寄せて来るような、活気に満ちた、愉快な時代であった。それから今日まで随分多くの時間をスポオツ見物のために割くことになった。

運動競技の利益は何処にあるか。議論をすればいくらでも出来るだろうが、理窟は別にして運動競技というものが、吾々の学生生活の大きい部分を占めたこと、殊に対校競技の勝敗が当時の吾々の最も大きい喜憂の一であったことは争われない。子供らしいと言われても一言もないが、事実はたしかにその通りであった。よく勝敗は問題でないなどという教育家があるが、その真意の程が分らない。仕合をやる以上は勝て。ただ忘れても汚ない、卑怯なまねはするな、というのが正しい教えであろう。

運動競技の利益なるものを実用的に数え立てることは好まないが、私の知る限りについて言うと、或る学校の運動競技の盛衰は大体その学校の学問の盛衰と並行するようである。少なくも一部の教育家が考えるように、運動競技を抑圧すればそれで学問が盛んになるという訳のものでないことは確かであろう。慶應義塾だけについて言うと、前記の明治三十五六年、野球をはじめ各種の競技の勃興しかけた時は、また宛《あた》かも教授団の方では、多数の海外留学生が一時に派遣せられ、或いは帰朝して学問復興の曙光の見えはじめた時であり、それ以前のスポオツ不振の時は学問もやや沈滞を免れない時のようであった。独り慶應義塾のみならず、他の諸学校でも恐らく同様の事実があるのではなかろうか。少なくも所謂官学対私学の関係については同様の事が言えると思う。学問は元《も》とは官立大学の独占物のようであったが、運動競技も同様であったのである。一高の野球、帝大の漕艇、柔道、陸上競技。私立学校の運動はこれと並んでは皆な顔色なき有様であった。今日私立大学の学問というものが果して何処まで発達したといえるかは問題であるが、兎に角官立大学が最早昔のような学問独占者でなくなったことだけは確かである。然らば運動競技はといえば、これも最早官学の独占物でないことは態々《わざわざ》指摘するまでもないのである。

私は自分の奉職する学校は別として、それ以外においては決して一般的に官学よりも私学が好いなどとは思っていないが、兎に角右の事実は学問と運動競技とが必ずしも相背馳するものでないことだけは示している。私は決して、野球を盛んにすれば学問が盛んになるなどという暴論を吐くものではない。しかし運動競技の隆興は決してその学校の学問の盛大を妨げるものでないこと、運動競技を抑圧すれば直ちに学問が盛んになるなどと言う訳のものでないことは明らかであろう。運動競技も学問の研究も、方向は違うが、いずれも気力の優れた青年でなければ出来ない仕事である。人各々長短があるから、運動競技に傑出する者が直ちに学問上の偉才でないことは已むを得ない。しかしいずれも世間有用の材たるは失わないのであるから、学校としては両様の方向において人才を養うに努めることが、真実その本務に忠なる所以であろうと思う。私は決して無条件に当今のスポオツ隆盛を歓迎するものでもなし、また運動選手及び関係者の顰蹙《ひんしゅく》すべき行状についても多少は聞及んで承知していることもあるが、これ等の弊害に会って驚いて、その矯正の方法も研究することなく、遽《にわ》かに運動そのものを抑圧しなければならぬように思うのは賛成できない。

この文章はそういう議論をするために書き出したものではないが、慶應スポオツの歴史だけを見てもこの議論を強める材料を見出すに苦まない。何が原因で何が結果か。その相互の関係を確かめることは容易でないかも知れぬが、兎に角一校の学問と運動とが相背馳しないで寧《むし》ろ並行することは間違いない事実である。もしも一校の学生がスポオツに熱中し、学業を放却して困るというようなことがあったら、学校当局はスポオツの抑制よりも須《すべか》らく第一に先《ま》ず学生好学の気風の振作にその全力を用うべきである。良教師の養成奨励、研究機関の設備その他その他この方面において為すべきことは無数に残されている。それを凡べてそのままにして置いて、ただ運動競技を取締るという点のみに着目するものは、ただ学生をして少しく不活潑ならしめるというだけの結果を収穫するに終るであろう。

（『鉄塔』昭和7年12月号）

学生の運動競技

対校競技に学生が熱狂することについては、世間の訓戒好きの人々には色々議論もあるようであるし、私自身も多少の意見を持っているつもりであるが、兎に角一年に一度や二度は全校の学生もしくは全市の市民が一の事に熱狂し、共に喜び共に悲しむという機会が与えられるのは決して悪くないことだと思う。これに社会学的の理窟を付けることも困難ではないと思うが、そうむつかしく言わないでも簡単に運動競技が昔の祭礼の代りをしているものだと見ても好かろう。祭礼は嘗《かつ》て社会生活上の或る必要を充たしていた。祭礼の廃れた今日、運動競技がそれに類する職分を果たす一面を持っているのである。最近早慶野球仕合の行われた夜、私は二三の友人と食卓を共にしたが、その中の一人は、昼間応援に熱狂したことなどを語り出で、さて結語を下して曰った。「これまた人生の一事実だ」と。誠にその通りである。

選手尊重についても同じく色々の意見をきくが、私は選手が尊敬を受けるのも当り前のことだと思っている。多くの場合において、選手は尊敬に値することをしているのである。私はこの頃銀行会社或いは新聞社が、運動選手であった卒業生を、その運動家としての技倆故に争って召し抱える傾きがあるという風説を、面白からぬこととして聞いている。しかしそういう私自身がもし銀行会社の人事当局者であったならば、やはり他の条件にしていて同一なる限りは運動家を採用するであろうと思う。それはその人を会社のチイムへ入れて仕合をさせて間接に会社の広告に使おうというのではない。学校選手として一心に技を練り技を戦わしたことが、その人に或る貴重な鍛錬を加えたことを信ずるからである。運動家は優秀なる体力を有することを常とするが、しかし彼等が有するものは体力のみではない。彼等は、自分でも説明できぬ、快楽でも利害でもない、神聖なる或るもののため——少なくも彼等がそう信ずるもののため——或る場合には健康そのものをも顧みずして努力精進して来たのである。この努力精進は運動家の人格に必ず或るものを加えなければ已まない筈である。私は往々見るように、選手が仕合場で勝敗のために泣くのを好まない。しかし彼等の平生の惨憺《さんたん》たる苦心を思えば、不覚の落涙にも同情を禁じ得ないことがあるのである。這間《しやかん》の消息は、消化を助けて飯がうまく食えるからなどと言ってゴルフに手を出す人々などの窺い知らざるところである。

かく私は運動競技の隆盛を慶賀するものであるが、それだけに愈々《いよいよ》、運動競技界の弊害に目を閉じることが出来ぬ。

弊害の第一は選手の職業化である。学校選手が卒業後、選手としての技倆経歴を就職の売り込みに使うのも、職業化の一例と見るべきものであろうが、恐らくそれよりも弊害が甚だしいのは、各

甲子園コートでの冬期合宿（昭和初年頃）。中列向かって左端が石井小一郎、中列向かって右から３人目が志村彦七、前列向かって左端が小泉信三。

学校の有望選手争奪であろう。競技の技術が高尚となるに従って、二三年の練習では大物を養成することが出来ないから、そこで自然に中等学校または高等学校の有望選手を、大学程度の学校が引張り合うということになる。有望選手に向って、俺の学校は好い学校だから此方へ来いといって引張るのは当り前の、少しも差支えないことであるが、それが一歩を進めて、選手の入学試験を免除する、授業料を割引または免除する、出席聴講の義務を免除する、何かの名義を設けて、生活費を支給するというところまで行けば、それは立派な選手の職業化であって、選手は選手で食うことになるのである。もしも例えば或る学校が、アメリカの職業野球選手を高給を払って雇って来て、それに形式上学籍を与えて仕合に出場せしめるというようなことがあったならば、世間は無論承知しないだろう。しかし選手誘引（拐？）が上記の程度まで進めば、それは、ただ給料が少ないというだけで、立派な職業選手の雇傭《こよう》である。

この類の弊害は日本に限らず、嘗《ま》てはアメリカあたりの諸大学もそのために苦しんだということである。その結果として、例えば、陸上競技については陸上競技大学聯盟《れんめい》というものが出来て、それが大学選手の資格について厳重な規定を設け、且つこれを励行するようになったと聞及んでいる。それによると、選手は先ず第一に素人《アマチュア》でなくてはならぬ。素人の定義は「運動に伴ふ歓楽を享受し、又其の肉体精神及び社交上に及ぼすべき有益なる効果を収得するを唯一の目的として之を好愛するの外他意なきもの」である。

その他の規定で我々の参考に供すべきものは左の諸条である。

「競技練習中の会食費として平素各自の宿所に於て支払ふ食費と同額の料金を自弁せざるものは代表競技者たることを得ず。」

「学位候補者、又は入学準備中の別科若しくは選科生は、其の学校当局に於て、他の本科生の学習の苦を一にすと認めらるゝに非らざれば代表権なし」（大阪市立高等商業学校校友会編纂『運動競士協会憲章類纂』を看よ）

これによって観ると、アメリカにも、わが邦で耳にすると同様の弊害の行われたことが推察されるのである。

選手の学業成績については、左の規定がある。「学績不良の為め落第、降級、退学又は他科に転学を命ぜられたる者、又は学績不良なるが為めに願に依りて退学又は転科したる者は、爾後《じご》佳良の成績を挙ぐるに非らざれば代表権なし。」

この規定は一見甚だ厳格なようであるけれども、その実行は思ったほど困難なことではあるまい。その実行を困難ならしめるものがあるとすれば、それはその実行が困難だと思わせることである。今日の運動選手には意志の力も理解力も普通以上のものでなければなれない筈であるから、そういう、聡明で元気の好い学生を学業と運動の両立は容易なことであり、当然のことであるという空気の中に置けば、彼等はさほどの困難なくこの空気に順応するに違いない。現にこれを証明する若干の事実もある。私は慶應義塾のことしか知らないから、遠慮なく塾のことについていうと、野球選手の監督者たる腰本壽《ひさし》君は、練習を監督し、仕合の戦略を攻究する一方に選手の学業成績について厳格な意見を持っておって、選手の講義出席をやかましく言う。運動場と教室とが数マイルも離れているから、午後の講義に出ていると、練習の時間は僅《わず》かしかなくなるのであるが、それでも、方針を改めなかった。それで仕合の成績はどうかというとあの通りであった。勿論学業と運動とを両立させることは、いずれか一方に偏するよりも困難であるには相違ないが、運動選手がこの困難を負担するのは、彼等にとって損失たるのみではない。この困難は選手の精神を緊張せしめ奮発せしむる刺戟となるだろう。弾力ある精神を向上せしむるものは容易でなくて困難である。但し、それがためには、現在或る種の運動においては仕合の度数が多すぎるということを認めなければならぬ。野球大学リイグに加盟しているものは、春秋シイズン如何に少なくも合計二十回、多ければ三十回以上も仕合しなければならず、庭球においては、対校仕合の外、シイズン中に七八回の大トオナメントがあって、優秀なる選手は各トオナメントに三四日を費さなければならぬという有様である。これは学校当事者において研究を要する問題である。

フェア・プレエについての選手及び観衆の観念は、最近たしかに進歩した。野球仕合の声援は往々、物凄いほどであるが、大体において節制が保たれ、個人的の悪罵を耳にすることは少なくなった。この点においては、各新聞紙の努力の功も没すべからざるものである。ただ新聞紙は知名人士を攻撃する時などは随分悪口雑言を恣《ほしいまま》にするに拘《かかわ》らず、不良弥次、またはアンフェア・プレエの筆誅などになると割合に遠慮深い。稀れに運動家らしくない振舞をする選手があっても、これを攻撃することが割合に手ぬるいのは、不思議である。東京日々が嘗て某校野球選手の卑怯な走塁法を指摘したら、その学校の贔屓の脅迫状めいたものが盛んに舞い込んだということを伝え聞いたが、そのくらいの事に恐れる新聞社でもあるまい。運動界の空気を清浄ならしめるために新聞紙はもっと厳正公平なる、もっと忌憚《きたん》なき批評を下して貰いたいと思う。

但し新聞紙の批判をして運動界に権威あらしめるためには、今日の如く、新聞が選手を広告に利用することを一切やめなければならぬ。よくは知らないが、新聞社が各種の運動の催しをすることは、西洋にはその例がないように思う。例のあるなしはどうでも好い。善い事ならドシドシ先鞭を着けるが好いけれども、折角の催しも選手を利用しての自社広告たる一面があっては難有《ありがた》くない。新聞社では、選手を広告に利用した覚えはないというかも知れないが、同じ価値ある競技会を、主催者たる新聞紙は大々的に報道し、商売敵たる他新聞は申訳ばかりの記事をのせるという有様であっては、申訳は立ち憎くいのである。

運動競技の弊害を防ごうとして、選手に向って、仕合には勝たないでも好いと説くものがある。そういう理窟も付ければ付けられるかも知れないが、要するに人情とかけ離れた机上の空論たるを免れぬ。こういう説では選手も真面目に聴く気にはなれまいと思う。フェア・プレエが尊といのは、試合に勝つということに価値があるからである。勝っても敗けてもどうでも好いものならば、態々《わざわざ》フェア・プレエを説くにも及ばぬことではないか。「渇しても盗泉を飲むな」というなら分っているが、「渇しても水は飲まないでも好いものだ」というのでは、子供欺ましにもなるまい。「試合には是非勝て。しかし卑怯な汚ない真似は間違ってもするな」というが、最も正直な忠告であろう。而して最も正直な注意は、最も有効なる忠告である。

（『財政経済時報』昭和2年12月号）

スポーツと教育

一度ほかで書いたことであるが、先頃、故ケネディ大統領の弟ロバート・ケネディ長官が来て、日本をかけ回っていったとき、機会があって、私はちょっと雑談した。

たしか週刊誌『ニューズ・ウィーク』にあった、前大統領の当選当時、ケネディ一家のことを書いた記事を見ていたので、私は質問した。

「長官のお父さんはハーヴァードで野球選手をされたそうですね」

「エエ、しかも名選手でした」という答であった。

右の記事によると、彼れは一塁手で三割打者であったという。そのかわり、大学の進級の方はむずかしく、日本でもよくあることだが、野球部の監督は担任の教授たちを訪問して、採点について懇願しなければならなかったという。それで、結局教授たちの意見もあり、経済学部ではむずかしいから、もっと進級の楽な学部へ転科したらよかろう、どこがよいか、結局音楽部がよかろう、ということになり、父ケネディは、ついに音楽部を卒業したということである。たしか一九一〇年前後のことであった。

　私は、このことをハーヴァードの教務課でたしかめたわけではなく、ただケネディ大統領就任当時の週刊誌記事によって書くので、多少話がおもしろくなっているかも知れないが、大体このようなことがあったものと思われる。

　ところが、一たび卒業した彼の父ケネディは、財界、業界あらゆる方面に活動して、大成功をおさめ、あのような大富豪になった。アメリカの大富豪といえば、誰れでもすぐロックフェラーと考えるが、ロ家の五家族の合計はとにかく、その一つ一つをとれば、ケネディ家の富はロ家をしのぐ、というようなことが、やはり右の記事にあった。

　ところで、右の成功にたいして、ハーヴァードで履修した音楽の課目はどれほど彼れの役に立ったのか。あるいは立たなかったのか。また、経済学部から他に転科したことは、どれほど彼れの損失になったのか。それはすべていえないが、彼れが野球選手としてその練習および試合の間に得た体験が大いにものをいったであろうことは、争いがたいと思う。選手生活の間に養い得た忍苦、判断、決行、機転などの能力が、その事業経営の上に大いにものをいったに違いないことは、これを断言してさしつかえないと思われる。無論、これらの能力を養わせるものは、スポーツの体験のみではない。人はさまざまな境涯において、さまざまの体験を通じて人生に大切なこれらの資質を養うに違いないが、ただ、スポーツの体験は、たしかにその重要なる一つであるとだけは、間違いなくいえるであろう。

私は、昔運動選手であり後に事業経営に成功した幾人かの友を持っている。私は、彼等によく同じ質問をした。事業の窮境に陥ったときと、学生時代、対校競技に出場して試合がピンチに陥ったときと、どっちが苦しいか、と。

彼等の答えはほとんどみな一つであった。

試合のピンチのことを思えば、事業の苦しさなどはなんでもない、というのである。

勿論、これですべてを律することはできない。また、かつて運動選手だったものは、とかくその「たのしかりし」青春の日の体験を、誇張して讃美するかたむきもあるから、それは充分割引してきかなければならないけれども、そこに教育者として、大いに考えなければならぬ問題があることは、幾度でも力説しなければならぬ。

知育、徳育といい、体育というので、スポーツによって養われるものは、ただ逞《たくま》しい筋骨かと思うものがあるかも知れないが、そんなものではない。スポーツによって養われるものは、むしろ精神的なものが主である。

すでに前にも記したが、苦難に耐える習性、咄嗟の危機に判断を誤らぬ冷静、最悪の悲境に絶望しない気力などを養う上に、スポーツの体験がものをいうことは、体験ある人の争わないところであろう。教室での講義、ゼミナールの演習が青年に貴重なものを与えることはいうまでもないが、真に職責の重きを知る大学教授は、それだけで充分だとはいわないであろうし、またいってはならぬはずである。

最後の勝利は、最後までくじけない闘者に帰する、とは理論としては誰れも承知しているが、さて人生の実践上においては、人はしばしば早く絶望して、未敗に敗れ去るのである。その誤りを戒めるものは、ただスポーツの体験のみだ、といったら、それは勿論いいすぎだが、スポーツの体験が痛切にそれを教えることは間違いない事実である。

一九四一年といえば、日米開戦の年であるが、十二月の開戦に先立つ最後の便で入った週刊誌『ライフ』に野球記事と写真のあったことを、私は憶えている。ワールド・シリーズ最後の決勝戦（ヤンキース対ドジャース）である。第九回のウラ、守備側は三点のリード、走者満塁で、すでに2アウト、打者は2ストライク3ボールとなった。次の最後の一球。打者は空振りした。

これでゲームセットのはずであったが、運命の一球は捕手のミットをこぼれて、一塁側ダッグアウトの方へころがった。写真には、矢印でそれが示されている。塁上の走者は、無論相次いで本塁に殺到した。三振した打者も、一、二、三塁を一周して本塁に突入した（この間に、暴投か何か、エラーがあったものと察せられる）。そうして勝敗は逆転したという。

これは無論珍しい例である。しかし、それは勝敗の世界においてあり得るし、また現にあったことである。

最後の機会は、最後まで絶望しないもののみがつかむということを知るには、教室の講義やゼミナールの演習だけで充分だとはいえない。それは、つねに思い出されていいことと思う。

（『産経新聞』昭和39年6月29日）

学生と水泳

塾生皆泳。これが私の当面の理想である。

嘗《かつ》ては弓馬鎗剣の技に通ずることは、日本武士の嗜《たしな》みであった。同様に今の世においても青年学生の必ず心得なければならぬ幾つかの技芸がある。そうして水泳は実に私の指を屈せんとする第一のものである。

泳げば泳ぎ得べき水に溺れて死ぬものは、父母に受けた身命を軽んずる不孝の子である。幼児の水に落ちたるを看て、手を拱《こま》ぬいて敢えて救わざるものは不仁の人である。しかも孝子仁人たると、不孝の子不仁の人たるとは僅かに数十日の練習を怠ると否とによって岐れる。豈《あ》に思わずして可ならんや。アメリカの大学に能く百ヤアドを泳がざる者に学士の称号を許さぬものあるは決して故なき事ではない。

慶應義塾塾生よ、皆な泳げ。諸君が大なる善行を為すべき機会は常に意外に近く諸君を身辺に待つのである。

（『学府と学風』慶應出版社　昭和14年10月）

◆コラム◆

早慶戦

小泉タエ

父の居ない物足りなさ、淋しさを、あらためて感じる日がある。早慶戦に勝って、春の六大学野球の優勝は慶應、と決まった日がそれであった。昨年(昭和四十年)不成績を残したチームの奮起を、父はどんなに喜んだことだろう。きっと、笑うまいとしても笑えてしまう顔で球場から帰り、酒がうまい、メシがうまくてしようがないと、日頃にまさる食欲を示したに違いない。

父は観るスポーツでは野球が一番好きであった。春秋のリーグ戦を楽しみ、その期間は神宮球場へ通うために、忙しさが増すのであった。慶應の出ない試合にも、敵情を探っておかなければと言って、よく出掛けて行った。神宮の貴賓席で、黒眼鏡をかけた父が、双眼鏡を使ってグラウンドを見ている様子は、ヒイキ目には司令官とも見えたが、スパイの親玉のようでもあった。

東大、明治、立教、法政と一戦ごとに一喜一憂して早慶戦の日が来る。縁起をかつぐというようなことをしない父に、「このネクタイでこの間勝ったから」と言わせるほど、早慶戦は特別なのであった。

家族も長年の間に父に劣らぬ応援団となっていた。父は球場へ行き、母や私は家で見物する。テレビでは、球の行方や選手の動きが映されないこともあって、もの足りないところのある代わりに、解説で細かい点を知ることもある。父が帰ってから、お互いに見たことを補い合うのが楽しみであった。

都合で父は家に居て、一緒に見る日もあった。旗色の悪い試合を父と見るのは嫌なものだった。〝危ない〟とか、〝大変だ〟とか、あるいは〝もう駄目そう〟とか、私たちは言わずにいられない。それはすべて父の嫌いな言葉であった。殊に〝もう駄目らしい〟が気に入らなかった。そう口に出すことが、選手の士気にも関わるというわけなのである。球場

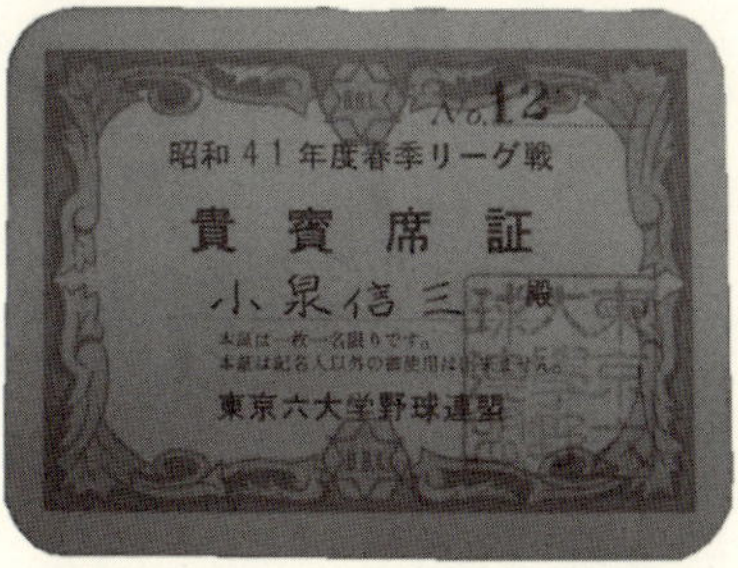

から離れた麻布の一廓で、私たちは言論の統制を受けていた。負けそうになると母と私は顔を見交わして〝負けそうね〟と目で話し合う。テレビのごく近くには父が岩のように坐って、黙って見ている。「勝敗は、最後のバッターが打ちとられるまでわからない」と全身が語っているのであった。

慶應優勢となれば、さすがに父も浮き立った。ある時二人で見ていると、慶應が大当たりで、つぎつぎに走者が出た。することがみな得点につながる。安心した私が「慶應くどい、くど過ぎる」と言うと、父は「だから俺、慶應って嫌いさ」と答えた。

父が庭球部の部長をつとめたのは、大正の末から十年間であった。その頃慶應のテニスは弱く、早慶戦六連敗の記録を残している。今度こそと戦っては負け、戦っては負けた。そうしているうちに力がついて、ついに早稲田を大きく引き離すまでになった。父は、負けた後に勝つ喜びは、連勝の味にもまさると言っていた。

今度の優勝は、父の好きなことばかりで成り立っている。たとえ優勝しても、早慶戦に負けたのでは父は楽しまなかった。それが、不振からたち直り、早慶戦にストレートで勝って優勝である。この時を待たずに亡くなったのは父の大失敗と言えよう。

優勝の日から二週間後、野球部の部長、監督、マネージャーに選手が二人、揃《そろ》って家へ来られた。父の写真に花を供え、優勝の報告をして下さったのである。

選手の一人は大滝主将であった。父は慶應の試合は殆《ほとん》ど見ていたし、練習を見に行くこともあって、多くの選手たちと顔馴染みのはずであるが、中でも大滝選手とは、特別な間柄であった。一昨年の春、父が始球式をつとめた時のバッターが、大滝選手だったからである。父が投げ、バッターは、しきたり通り空振りしたのであった。その投球がストライクだったのは、始球式に珍しいことと新聞に書かれた。父は数種類の新聞の切り抜きと、投球フォームの写真を袋に入れて、表に「始球式関係記事」と書いた。机のひき出しから取り出して、時々眺めているらしかった。お客様との間で始球式の話が出ると、急ぎ足で袋をとりに部屋へ戻る。そうしてお客様にお見せするついでに自分もまた観賞するのであった。

当時の監督前田さんから、

「実に申し分のない球でした。半世紀前の大リーガーのようでした」

とほめられたとき、父は幾分恥ずかしそうに、しかし、まことに快げに笑ったのであった。

「大滝にもバッターとしての感想を聞いてみたい」

と父は望んでいたが、大滝選手と会う機会があっても、質問はしかねていたらしい。

その日私は父に代わって質問した。いい球で、空振りするのに骨が折れた、という返事であった。父に見せたい優勝に加えて、また一つ、聞かせたい話がふえてしまった。

（『父小泉信三』毎日新聞社　昭和43年10月）

愛用した双眼鏡

善を行うに勇なれ

塾長訓示

かねて「塾の徽章」の題下に訓示せるところの要を摘り、塾生諸君の居常懈《おこた》るべからざる心得数条を定む。左の如し。心して守り、苟《いやしく》も塾の徽章に愧《は》づることなきを期せらるべし。

塾　長

一、心志を剛強にし容儀を端正にせよ
一、師友に対して礼あれ
一、教室の神聖と校庭の清浄を護れ
一、途に老幼婦女に遜《ゆず》れ
　善を行ふに勇なれ

塾長訓示註解

一、心志を剛強にし容儀を端正にせよ

端正なる容儀は剛強なる心志と相伴ふ。容儀の弛緩《しかん》は心志の薄弱を示すものなり。塾の徽章を輝かすべき制服制帽は必ず正しく着け、正しく脱げ（教室、食堂内等）。服装は清潔なるべし。贅沢を愧ぢよ。正しからざる服装容儀は頭脳の欠陥、学識の低劣を示すこと多し。心して侮を招くこと勿《なか》れ。

一、師友に対して礼あれ

礼を守るは徳義を守る第一歩なり。礼なきは往々徳義なきに等し。師に対しては容を正して礼せよ。友人間にありては親愛の意を表するを旨とすべし。

一、教室の神聖と校庭の清浄を護れ

教室、校庭は堅く相戒めて汚損すべからず。誤って教室内に喫煙し、校庭に紙屑を投ずるが如きは学府の尊厳を知らず、愛塾の心足らざるものの所業なり。塾生は堅く相戒めて我等が学府の尊厳を護り、苟も自ら軽んずることある可《べか》らず。

一、途に老幼婦女に遜れ

途に老幼に対するときは我家の老幼を思へ。婦女に対するときは我が母と姉妹とを思へ、路上、車中老幼婦女と先を争ふが如きは苟も自重心あるもの之《これ》を敢《あえ》てすべからず。我塾生の在るところ必ず秩序あり、人の信頼あるに至るを期して努むべし。

善を行ふに勇なれ

以上一切を行ふには勇なかるべからず。善の何たるを知るも為さゞれば知らざるに同じ。之を行ふには勇を要す。勇は平生の覚悟と鍛練とに由りて長ず。善の何たるを知りて之を行ふの勇に乏しきは往々知職人の病弊とせらるゝところなり。吾等の正に期すべきは慶應義塾に復《ま》た一人の道徳上の怯者なからしむるに在り。諸君、奮ひ且つ戒めよ。　（昭和15年10月14日）

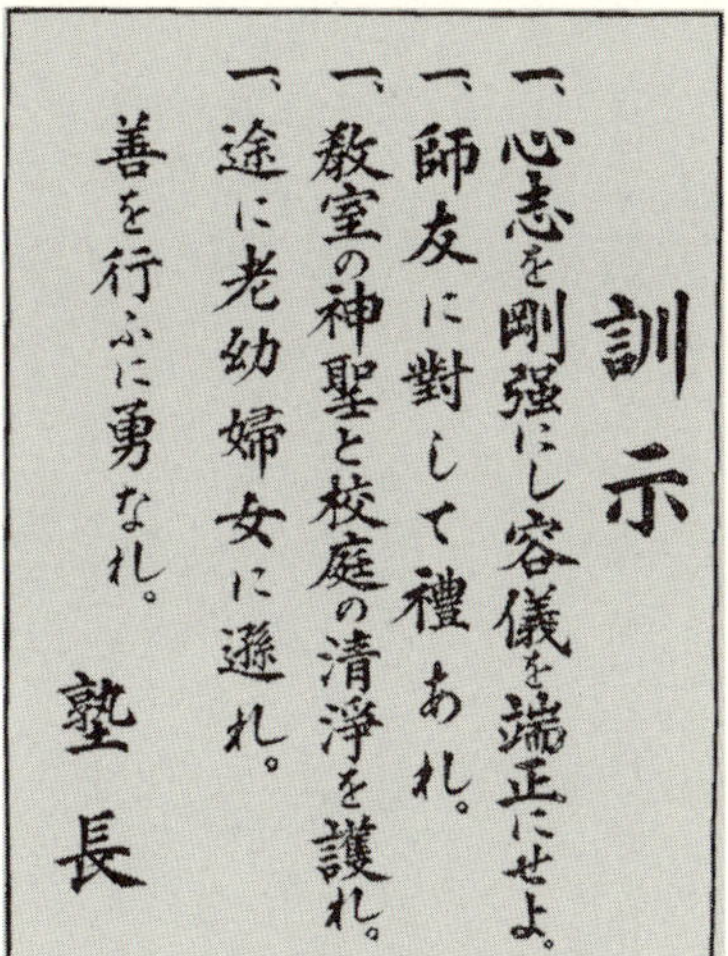
訓示
一、心志を剛強にし容儀を端正にせよ。
一、師友に對して禮あれ。
一、教室の神聖と校庭の清淨を護れ。
一、途に老幼婦女に遜れ。
善を行ふに勇なれ。
塾長

塾内の各教室に掲げられた訓示

塾の徽章——塾生への講話

慶應義塾の徽章と制服の光輝ということについては、最近二三度話をしたが、重ねて諸君の注意を促したい。

吾々は国民として常にわが国旗の尊厳を護り、その光栄をねがい、もし万一にも他国人によってそれの軽んぜらるるが如きことがあったなら、決してこれを不問に附せず、必ず相当の処置を取るだけの覚悟を持っている。塾生の塾の徽章における も正に同様であるべきである。塾生諸君の国旗にも比すべき塾の徽章と制服との光輝を護るために諸君は居常必ず相当の覚悟を持っていると思う。慶應義塾の八十余年の歴史と光栄とは、福澤先生在世の時に定められた、諸君のあの徽章に象徴せられている筈である。もし万一にもこの徽章に対して敬意を失するものがあったなら、諸君としては必ずその者にその非を悔いて改めさせるだけの処置を取る用意があるであろう。しかし、敬意の不充分であった場合に適当の処置を取るのは当り前であるが、実はそれより先きに、諸君としては諸君の徽章と制服とをして自らにして人々の最高の畏敬と信頼との的とならしめるに遺憾なきことを期せねばならぬ。それは極めて簡単なことである。それはただ諸君の日常の行動によって、容易に且つ自然に行われることである。諸君の日常の行動が人の尊敬と信頼とを促すものでありさえすれば、諸君の国旗に比すべき塾の徽章と制服とは、これを尊敬するなといっても尊敬を受けるであろう。私は濫《みだ》りに道徳を説教することを好まない。しかし、学生として、私共とともに、諸君の塾であり、我々の塾である慶應義塾の徽章の光りを、諸君自らの力によって輝かすということは、愉快な仕事ではないか。私は諸君が私の意のあるところを汲み、諸君自身の行動によって塾の徽章の光輝を護るという運動を起こされることを期待している。それは諸君自身のためにやり甲斐のある仕事であるとともに、諸君の先人の功労に報い、また諸君の跡から続いて来る後輩のために、実に無限の恩沢を与える行為である。

要するに、塾の徽章と制服とに対して恥しくないように行動しようではないか、というのである。然らば、どういう行動が塾の徽章にふさわしい行動であるか。そんなことは一々言わなくても諸君に充分お分かりのことであると思うが、私の気の付いていること目に付いていることを二つ三つ述べて見る。

第一に、塾生の協力ということである。この問題については塾生全体の協力ということが何より大切である。

今日塾生の数は、最上級から最下級まで合計すると、一万数千という数に上っている。この多数の人々がいかに立派であっても、その中に極く少数の不心得または不用意な人があって、慶應義塾の塾生にふさわしからぬ行動をしたとすると、その行動の責は、塾生全体がこれを負わなければならぬ。こんな間尺に合わない話はないが、しかし、それは当然の、已むを得ないことである。塾生諸君は苟《いやしく》も諸君が塾の徽章を戴く限り、一人一人が慶應義塾の名誉を代表しているのである。一人の名誉は全員の名誉であり、一人の不面目は全員の不面目である。そう考えて来ると、ただ自分一人だけのことを慎めば好いという訳には行かなくなって来る。一体吾々もその仲間であるが、知識階級の人々というものは、己れの一身を修めるということは力めても、兎角他人の行為にはあまり立ち入って口出しをすることを好まない傾きがある。これは一応尤《もっと》もなことで、また自分の事は棚へ上げて、人の批評ばかりしている人間というものは、決して好ましいものではない。しかし、一たび、わが母校というが如き大切な共同団体の栄辱利害に関する事柄になると、人はただ自分のことだけ気をつけていればいいという訳には行かなくなって来る。塾生諸君としては、自己一身を顧みるとともに、友人と協力し、どこまでも励まし合い戒め合って、塾の徽章の光輝のために働かなければならない筈だと思う。諸君は諸君の教えを受ける先生が、発見や著述によって学界の名誉を担ったとか、或いは諸君を代表する運動チイムが名誉の優勝をかち得たとかいう時には皆なこれをわが事として喜ぶではないか。この共同感を懐だいているなら、塾生として塾生全体の事にも心配しなければならない筈である。諸君としては万一不用意にして塾生で塾の徽章にふさわしくない行動をする者があった場合、これを傍観していないで、適当の注意を与えるだけの熱心と親切とはあって好い筈だと思う。ただくれぐれも気を付けて貫いたいのは、その場合常に謙虚で率直の態度をもってすることだ。「我れ独り正しく汝誤れり」という、不遜な、偏狭な言動をなすことは堅く禁物である。これはくれぐれも心がけて貫いたいが、右にいう熱心と親切とだけは持って貫わなければならぬ。

次は容儀礼節のことである。私は塾生全員の努力によって容儀礼節の水準を高めたいと願っている。

言う勿《なか》れ、容儀礼節は外形の末の事であると。成程形の上の事ではあろう。しかし、形を正すは心を正す第一歩であり、形の弛緩《しかん》は心の弛緩の表現である。形の弛緩した者に敬意を表そうという物好きはない。

礼節の問題はむつかしい。私どもにも覚束《おぼつか》ないことが多い。しかし、礼節だけは学んで心得ていなければならぬ。礼節を弁えないということは、或る場合徳義を弁えないというのと同じことになる。外の事は知らなければ、知らないで済むかも知れないが、礼節の事は、知らないでは済まされない。あの男は礼儀を知らないということは、屢々《しばしば》あの男は道徳上の馬鹿だということを意味する。まさか道徳上の馬鹿だと言われることが何より望みだという人はあるまい。そうして礼節の事は身体の動作に関するものであるから、ただ知っているだけでなくて、常に練習して置かなければならぬ。これ平生の嗜《たしな》みの大切なる所以《ゆえん》である。これがないと、事に当って狼狽し、或いは思わぬ不覚を取ることがある。よくよく心すべき事である。

容儀については、端正なる身だしなみということについて深く諸君の留意を促したい。贅沢は勿論いけない。諸君の服装は、どこまでも定められた、質素なものでなければならない。しかし、質素を穿き違えた不潔や不しだらは堅く慎んでもらいたい。諸君は慶應義塾の徽章を戴く限り、諸君の服装はどこまでも質素、清潔、端正でなければならぬ。破帽弊衣の臆病者というタイプは、何時の世にも絶えないものであるが、諸君の見習う必要のないものであること、よく御存じと思う。偶々《たまたま》最近塾を出て海軍主計中尉に任用された若い塾員が来て、海軍で受ける教育のことを話して行った。その中に、様々のスロオガンを作って教えている。その第一は端正なる身だしなみと負けじ魂とを教えているということであった。あの壮烈な市街戦や掃河戦や空中戦に、実に人間業とも思われぬほど偉功を立てた勇士等が、平生スマアトな身だしなみ（スマアト云々は、格言にある）ということを厳しく教えられている人々であったということは、まことに意味のあることで、考うべきところである。私は偶々海軍士官から聴いたから海軍のことを書いたが、思うに陸軍でも必ず同様のしつけをしているであろう。容儀端正にして剛勇不屈の気力ある人、これが塾生諸君の目標でなければならぬ。

しかし、身だしなみに気を付けよ、といったからとて朝から鏡ばかり見ていろというのではない。不潔なふしだらな身なりは塾生の品位としてしてはならぬというのである。序でだからいうが、塾生の中にも制帽を古びさせて、ギラギラ油で光らせているのがある。どうしてあんなに光るのか研究をしたこともないが、分析して見れば、要するにその主成分は垢であろう。抑《そもそ》も諸君の大切な制帽は、鳥打帽や鉢巻ではない。一体、吾々は心とともに下着や襟も垢づかぬようと心がけているべきであるのに、態々《わざわざ》帽子に頭の垢を沁み出させて見せるとはどういう了見か。質素の擬装か、無頓着の誇張か、シャレにしては変態的で廻りくどい。いずれ一の流行ではあろうが、こんなことは正統な趣味でないから、やめた方が好い。

またその反対に妙な洒落れ方をしたのも時々見える。身だしなみに気をつけるというのと変な洒落れ方、殊に贅沢じみた洒落れ方をするというのとは同じでない。一体学生に限らず、資力と身分とに相応しない身なりをするということは、妙にもの欲しげで、みじめなものであるが、学生が所謂《いわゆる》紳士まがいのものを身に着けるのも同様で、いずれ被認識衝動の現れに相違ないが、結果は目的に反することが多いから、気を付けた方が好い。日本のような温帯国の冬に、元気な、好い若い者が襟巻などをして、しかも色彩感の錯乱を思わせるような色合のものなどを頸《くび》に巻きつけているなどは、どう見ても好くない。一体詰め襟服にスカアフ（襟巻）などという出で立ちは、アメリカの田舎に行っても、見られない珍しいものである。別段の必要もない以上、見合わせた方が無事であろう。

これも序でで、細かい事を言うようであるが、よく外套の襟を立てて着ているものがある。これも不注意か穿き違えではないか。風雨の日なら知らず、天気晴朗の平日の着用法としては異様である。日本服の羽織の襟を立てている異様さを想像すればお分かりになるであろう。いったい、やや投げやりの風をするということは、どうかすると気が利いたように思われる場合がある。或いはこんなところから一種の風俗が生れて来たのかも知れないが、それはどこまでも変則的なものであって、制服制帽という端正なものとは調和しない。早い話が、仮りに軍人が正帽を、アミダか横っちょに冠って歩いたとしたら、どうか。これを想像して見れば、すぐその不調和は分かるであろう。名誉ある団体に属するものとして、塾生がこのくらいの窮屈を忍ぶのは当然のことである。

帽子の話が出たが、塾生諸君の中には、まだ着帽脱帽の作法において不充分な人がある。例えば、時々食堂で帽子のまま物を食べているのを見かけるが、あれはぶしつけで不体裁である。やめなければいけない。塾内に限らずどこの食堂でも同様である。諸君とてもなにも帽子を冠ったままでなければ物がウマク食べられないといってやっている訳ではあるまい。ただ知らずにやっているというだけのことであろう。しかし、前に言った、礼儀のことは「知らない」では済まされないというのは、即ちここのことである。帽子を取る、取らぬくらいのことで親の躾《しつ》けも思われる、などと評されては、だい一親不孝ではないか。劇場とか映画館の廊下や座席で、着帽のままにいる不作法も同様である。これ等は一々言わずとも、少し気を付ければすぐお分かりになることである。

言い出すと言いたい事が出て来る。もう少し続けよう。

塾生諸君の中には歩きながら喫烟《きつえん》して、吸いがらを処きらわず投げ棄てて行く人がある。これは塾の内外を問わず、宜しくない仕業であるが、殊に塾の構内においては、それは学校に対する敬意を失した所業である。諸君は自分の家の庭の土に吸いがらを投げるか。まさか投げはしないであろう。自分の家の庭でしないことを、学校の庭でして好いか悪いか。諸君が物を学んで、自分というものを造り上げる、その大切な学びの園で、自分の家ではしないような無作法を働いて好いものであろうか。もしまた自分の家でもやっているというなら、気の毒ながら親が無教育だというより外はない。諸君、それで宜しいか。更にまた諸君としては考えなければならぬことがある。塾では、諸君が吸いがらや紙屑などを投棄すれば見苦しいから、傭人に掃除させる。その傭人等は、多くは妻子もある人々で、諸君が少し気を付けさえすれば、こんな掃除などより外にもっとする仕事は沢山ある人々である。ただ諸君の少しばかりの注意の欠乏のため、大の男に吸いがらや紙くずの跡始末をさせるとは、いかにも思いやりが足りないではないか。諸君は今不自由していないかも知れないが、境遇の変化で、何処かの学僕か何かを勤めなければならなくなったと想像して見給え。諸君のただ僅《わず》かの不注意が、いかに他人の苦しい負担になるかが分るであろう。少しは他人の身になって物を考えるということを、私は是非諸君に学んで貰いたいのである。

煙草の吸いがらを何処へ捨てるかということそれ自身は小さい問題である。しかし、諸君が労役に服する他人に思いやりがあるかないかということは、重大な問題である。どんな時代になっても、苟も多少とも特権の地位に置かれたものが、他人の勤務や境遇に思いやりを持つことなしには、決して良い社会は造れるものではない。これは諸君が今から篤と心して置かねばならぬことであると思う。

同様なことで、なお塾生諸君に心して貰いたいことが色々ある。例えば、野球その他の競技を見に行って、味方の旗色が悪くなると、席を立って帰るものがある。これなどは心なき業、というよりは頼もしくない業である。競技の応援などは、大したことではないが、それでも、味方の非運を見捨てて帰るという了見が、私には納得できない。もし応援するとすれば、味方の旗色の悪い時にこそ愈々《いよいよ》力を入れて応援すべきではないか。それを自分一人の安全を図って逃げ出すとは何事であろう。私は競技の応援などを別にやかましくいうつもりはない。興味がないものが何も無理に出かけずとものことである。しかし一たび応援に出かけた以上は、景気が悪くなったから引き上げるというのは面白くない。友を非境に見捨てて去るということが私には気に入らないのである。仮りに船が難破して浸水のために沈没するという時、人々はポンプに取り付いて必死に水を汲み出しているのに、ポンプに取りついては逃げ損うかも分らぬとて自分一人コッソリ抜けて、救命艇に乗り移ろうとするものがあったらどうであろう。これは人間として最も下等に属するものであること、何人も論なきところであろう。船が危うい時に、コッソリ自分だけボオトで逃げ出そうとするのと、味方の負けそうな仕合場から抜け出して帰るのと、無論全然同じであるとは私も考えない。しかし、如何にせん、両者の間にたしかに共通の要素があることは争うことが出来ない。諸君、果してこの最下等に属する人間に、多少ともまぎらわしい行動をして、友を窮地に見捨てるという批評を甘受するや否や。この点も諸君は議論なく私の意の存するところを会得されるものと信ずる。

以上私は心づくままに塾生諸君の日常の行動について諸君の深く自ら戒めらるべき条々を指摘した。注意すべき個条はこれには止まらない。例えば、講演を聴く場合、殊に塾が特別に依頼して外部の人を聘して諸君に聴かしめる講演を聴く場合の礼儀、電車乗合自動車その他乗物昇降の際における節制等の如き、いずれも皆な小さい事のようであって、しかも塾の徽章の光輝に影響するところが極めて大きいものである。

一体他処へ出かけて講演するなどということは、大概の人には煩わしい、嬉しくないものであって、それを承諾するのは、依頼者に対する特別の好意によるものである。既に特別の好意をもって来てくれた客であるとすれば、塾生たるもの、自ら客を遇するには客を遇する礼儀があって然るべきであろう。聴衆に礼儀があるということは講演者にとって快よいものである。吾々としては、好意をもって態々《わざわざ》講演に来てくれた人に対しては、快よい印象を与えて帰らせたいものではないか。時々見ていると、講演の途中で退場したりするものがある。これなどは心なき業である。折角他処から来てくれたものだ。よし少しばかり退屈だとて、僅かばかりの辛抱をすれば済むことである。その辛抱が出来ないとすれば、それは全く礼儀の弁まえがないか、或いは神経的疾患を持っているためであろう。そんな神経病者は慶應義塾に入学を許されてはいない筈である。

また、乗物の乗り降りなども気を付けて欲しいものである。誰れだって乗り物に早く乗りたいだろうし、また乗れば、楽な座席を占めたいだろう。しかし早く乗りたいから人を押しのけるというなら、それは全く下民――職業上にあらず、精神上の下民――の言い草である。乗り物がこみ合えばこそ節制の必要も価値もあるのではないか。私は塾生諸君の通学する線では、慶應の学生の通学する線であるから、老幼婦女子は何の心配もなく乗り降り出来る、と言われるまでになって貰わなければ満足できぬ。そうしてそれは、諸君の少しばかりの心がけによって、さしたる困難なしに為し得ることである筈である。老幼婦女子といったが、今日婦女子の中には見るから頑丈で、少しもいたわる必要のないようなのもあるであろう。しかし、私は諸君に向って女を遇することについて一の鉄則を示そう。独り、車の乗り降りに限らず、諸君は諸君のお母さんや姉妹が他人からどう取り扱われたいか、その取り扱われたいように他の婦女子をも取り扱え、というのがそれである。そうしてこれは日本の婦人の地位のために戦った福澤先生の門下生として、諸君の必ず守らなければならぬことである。

以上段々説教に類することも申し述べたが、私の言わんと欲するところは、諸君も御了解になったことと思う。私は諸君が諸君自身の行動によって慶應義塾の徽章の光輝をかがやかすことに全員協力せらるべきを期待する。それは諸君として容易《たやす》く為し得ることであり、また為し甲斐のある仕事である。それによって諸君は諸君の先輩の感謝を受け、諸君の後に来る限りなき多数の後輩に、更により好き慶應義塾を与えるであろう。

（『三田評論』昭和15年1月号）

衣食と礼節

衣食足って礼節を知るということはたしかに真理である。ただ考えなければならないのは、衣食が足りても礼節を弁まえないものもあること、同時に、衣食が足らずともなお礼節を忘れぬ人、少なくも忘れまいとする人のたしかにあることである。

渇しても盗泉を飲むなと、人に極端の難きを求めるのは無理かも知れない。しかし衣食の不足なる場合、礼節をなげうつことに極めて速かなるものと、極めて遅いものとがあることは事実であるとしたら、願わくば相率いて、その最も遅い部類に加わりたいものである。これを五十歩百歩の差であるとして、自己の礼節なきを弁解してはならぬ。衣食が足らねば忽《たちま》ち礼節を失う国民と、容易にこれを棄てない国民とは、大へんな違いである。そして各人の少しばかりの心がけと少しばかりの道義的気力とによって、国民全体の上に大きな品位の違いは生じ得るのである。

外にも書いたことであるが、一九三六年九月、ハアヴァアド大学創立三百年記念式に参列して感じたことがある。式は大学の校庭で行われたが、開式前に降り出した雨は途中から大雨となり、風さえ加わって荒天の景色となった。それにも拘《かかわ》らず一万数千人の会衆は、途中で誰れ一人立ち騒ぐことOもなく、固《もと》より傘をさすものもなく、二時間ばかりの祝典は、着衣の裏にも透る雨の中で、些《いささ》かの混雑もなく行われた。前大統領ルウズヴェルトも列席者の一人として、やはり傍人のすすめる傘を固辞して、濡れたまま動かずにいた。

　大学を尊敬し、学問教育を尊敬する米人気風の一つの現れでもあろうが、文明国民のたしなみとして、私はこの風雨の中の光景を羨ましく眺めた。同時に、わが国における同様の多人数の会合に混雑の多いことを思い、顧みてひそかに恥じた。神宮球場その他の多人数集合の場所で、俄か雨の降り出したときの光景などを、私はたびたび見て知っている。傘を携えたものは傍人の迷惑は顧みずにそれを取り出してさす。新聞紙を頭にのせるものがある。風呂敷をかぶるものがある。試合はそっちのけで、貴賓席の軒下に駆け込むものがある。何事が起ったかと思えば、ただ雨が降って来たというだけのことである。それはいずれも法規に触れるというような悪事ではない。しかし甚だしく日本人を安っぽく見えさせる行為である。私は徒《いたず》らに外形のみを気にしていうのではないが、再建の発途において、先ず日本人が相戒めて、形ちの上にも自尊自重を現すことに意を用いるのは、国民として些かなりとも他の侮りを少なくする所以《ゆえん》ではないか。雨に濡れるのは誰れも好きな筈はない。しかもその雨に濡れる濡れ方一つにも、国民の教養と礼節とが窺われるとしたら、この種の事も親や先輩が年少者に気づけてやって好い事であると思う。

　この種の嗜《たしな》みについては、日本の武士は厳しい教えを受けていた。軍人も同様であった。嘗《かつ》てわが海軍の学校で学生に与えた躾け教育のことをきいて感じたことがある。雨の日電車に乗るとき、他人の迷惑にならぬよう、必ずマントを脱いでから乗れというのも、当然ながらいいと思ったが、外出して俄か雨に逢ったら、「ゆっくり濡れて来い」というのは気に入った。これを封建的である、軍国的であると非難するのは全く当らない。ハアヴァアドの校庭に集まった一万数千の紳士淑女は誰れも封建主義者でも、軍国主義者でもない。しかも彼等は正しく同じ嗜みを身につけているのである。それは教養ある人と教養なき人、或いは紳士と小人とを分つ或るものの有無に外ならぬのである。その点の教育が現代の日本において甚だしく閑却されたことはなかったか。小人は窮すれば乱す。老人や子供を突き飛ばして車に乗り降りするのも、公園に紙屑や蜜柑の皮やタバコの吸いがらを捨てちらかすのも、皆な同じ躾けなき心の現れである。

私が礼節のことを言うのは、外に現れた形のみを気にするのではない。礼節を守る心は道義を守る心と相通ずるからである。礼節の人は必ずしも常に道義の人ではないかも知れぬが、礼節を忘れまいとする心は、道義を重んずる心と極めて相近いものがある。それは横着の反対である。公共のために私慾を抑える心にも、友を窮地に救う心にも、逆境に主義を守って枉《ま》げない心にも、これと相通ずるところが極めて多いのである。

衣食の豊富はたしかに人をして礼節を知らしめる。然らば衣食が足らねば礼節は忘れても好いか。他人に対する弁解でなく、正直に己れの心に省みれば、恐らく何人もそれには満足しないであろう。衣食は足らずとも礼節は忘れぬ、というが如き、大きな口は滅多に利くものではない。しかし、衣食の足らぬとき、道義を忘れ、礼節をなげうつのに、人によって遅速の別があるものとしたら、願わくばその最後の人になりたいものではないか。

（『サン・ニュース』昭和24年3月5日）

心の正しい人は服装も正しく、
じだらくなものはじだらくな風をする。
吾々の服装や姿形《すがたかたち》は吾々の心の現れです。
気をつけて両方を正しませう。

以上

小泉信三

（『仔馬』第2巻第5号　慶應義塾幼稚舎）

みんな勇気を

三月二十五日から五月十日まで、三十六回にわたって産経新聞に連載された

「みんな勇気を——許すまい小暴力——」

は異常の反響を呼んで、それにたいする投書は前後八百通を越え、珍しいことに、反対や冷評の投書は一つもなかったという。

それは当然であろう。それは人々が常に心に思い、いわんと欲していわなかったことを代わっていったからである。たとえば会議の議場などで、正しい主張ではあるが決断を要するような提議がなされた場合、一瞬、人々が顔を見合わせているようなとき、一人が敢然率先して拍手すれば、人々はこれに応じ、やがて嵐のごとき満場の喝采となるという光景は、折々見るところであるが、「みんな勇気を」と、それにたいする反響にも、まま似た趣きがあったと思う。それは産経新聞の近年のヒットであるが、しかし、誰れのヒットなどということは問題ではない。誰れが最初に拍手したかということよりも、満場の拍手が起こったというそのことが、何よりも喜ばしい。

「みんな勇気を」とは好い題名であった。しずくのような泉の水が集まってやがて大河の流れとなるように、人々のほんの少しばかりの心がけと勇気が集まって、やがて明日のよりよき社会生活を築くことができるとしたら、それは実にやり甲斐のあることといわなければならぬ。

自分の経験を語るのはおこがましい次第だが、先年大学の長をしていたころ、学生の日常の心がけについて幾条かの注意を与えたことがある。その最後の結びの一条は

「善を行うに勇なれ」

というのであった。それは私としては見るところ、感ずるところがあって、特に掲げた一句であった。私の見るところ、学生たちはみな理非や善悪の弁別は明らかである。ただ往々にして自ら善とするところの実行に尻ごみする嫌いがある。瑣細《ささい》な例だが、坂路に車を曳きなやんでいるものがあるとする（このごろはこういう光景を見ないが、そのころはよくあった）。学生たちはそれを見て、気の毒に思い、心の中では援けてやりたく思う。しかし、飛び出して行って後押ししてやることにはためらうのである。それは無情のためでも、冷淡のためでも、労を吝《おし》むためでもなく、ほんの少しばかりの勇気の欠乏による、と私は見た。善いと思ったことをなぜしないのか。ほんの僅《わず》かばかりの踏み切りをなぜ躊躇《ちゅうちょ》するのか。「善を行うに勇なれ」と私はいったのである。

汽車や電車に乗る。席がなくて老人やこどもや病人が立っているのに、活きのいい若いものが深々と腰をかけて、それを黙って見ている。中にはシツケが足りなくて、真実老人や病人には席を譲るべきものだという、初歩の心がけをも持たないものもあるであろう。しかし、それればかりでな

く、譲るべきだということは充分承知しながら、なんとなく面はゆく、億劫《おっくう》で立ちかねているものもたしかに多いのである。ここでも善いと思ったことをなぜしないのか。二十余年前の当時、私はそれをいいたく思ったのであったが、今日もそれをいいたく思う。

さて、すでに車中で座席を譲る人は、また他人の迷惑や苦痛をも傍観しないはずである。車中で明らかに規則に背き、あるいは小暴力によって見す見す人を迷惑させているものがあるとする。それに注意することは、立って人に座席を譲るよりはむずかしいことであろう。しかし、老人やこどもならば知らず、一人前の男が、それを目前に見ながら見ぬふりをして、さわらぬ神にたたりなしと、ひたすらまきぞえを食わぬことのみ心がけるというのでは、情けない。

簡単に非行者をつまみ出すということは、それは誰れにも容易にできることではない。それはその場合場合によって考えなければならぬことであって、温言をもってなだめるなり、係員や警官に訴えるなり、あるいは大声を発し、同乗の衆客に訴えてその賛同を求めるなり（このような場合、声を合わせて応じる心得は肝要）、その方法手段は当然様々であるべきだが、兎に角黙って傍観しているべきでないということは、平生の心がけとして用意を持つべきであろう。勿論個々人の力は微弱であるから、どんなに心がけても力が及ばず、見す見す人の困厄を坐視しなければならぬというような残念な場合も起こらないとはいわれない。けれども、そのような場合、それを当り前のこととはしないで、残念だと思う心だけは失ってもらいたくないものだ。自分で自分をゴマかさないで、他人の困厄や公益の侵害を傍観したことを恥じる心だけは失ってもらいたくないものである。

怯懦《きようだ》を恥ずる心、それは人々のすでに各々胸に抱くところのものである。私はわが同胞が、殊にわが同胞青年が、すでに抱くこの心を、忘れずに温め育《はぐく》むことを切に願う。

古今の聖賢はすでに久しくそのことをいっている。

「義ヲ見テセザルハ勇ナキ也。」

二千数百年前の孔子の言葉は、今でも常に新しい。

（『産経新聞』昭和38年5月20日）

夫子ノ道ハ忠恕ノミ

「夫子ノ道ハ忠恕ノミ。」

いうまでもなく、これは論語里仁篇中の有名な章句である。

一九五八年の新年だというのに論語とは何事か、というものがあるかも知れない。もし私が儒学に養われたものだったら差し控えたかも知れないが、青年時代からすべて漢籍に暗く、主に西洋の学問をして育って来た私たちには、却《かえ》って新年に論語を語る権利があるかと思う。

孔子が或る日門人等と語っていた。そこに後に曾子と尊敬された曾參がいた。曾參は孔子より若いこと四十六歳、門人中にあって特に敦厚篤実をもって聞こえ、よく引かれる通り、われ日に三たびわが身を省みる云々と平生の心がけを語った人である。その曾參に、孔子は參や、と呼びかけ、自分の道を貫くものは一だといった。(子曰、參乎、吾道一以貫之)。曾參は「ハイ」と答えた。原文は曾子曰ハク唯(曾子曰唯)である。唯は丁寧な言葉だというから、英語にすれば、多分「イエス・サア」くらいの意味であろう。

孔子がその場を去った後、外の門人たちが、先生のいわれたのはどういう意味であるか、と曾參に問うた。それに対する彼れの答えが即ち標題の「夫子ノ道ハ忠恕ノミ」（曾子曰、夫子之道、忠恕而已矣。）である。

忠とは何か。己れを尽すことであるという。恕とは何か。己れを推して人に及ぼすことであるという。今の言葉にすれば忠は誠実、恕は思いやりであろう。そうしてこれが孔子の道を貫ぬく原理であったとすれば、論語を読むと否とを問わず二千五百年後の今日われわれが道徳の原理として守るところも、正しく同じではないか。ごまかすな、ずるけるな、自分のことを人の身になって、人のことをわが身のこととして思え、ということは今日のわれわれにとっても最高の格律ではないか。

先頃教育家の集まりに招かれて話をした中に私は大体こんなことをいった。

道徳の説教はむずかしいし、下手に押し売りすべきものではないが、仮りに自分が年の若い幾人かの人々と同じ寮で寝食をも共にするような場合、自然の機会があったら、次ぎのような諸箇条は気づけて考えさせたいものだと思う。

やはり第一は常に真実を語れ、偽りをいうな、ということである。変質者でない限り、誰れも真実を語るのは快よく、虚偽を語るのは不快である筈だが、さてその不快に慣れるという危険は十分あるのである。また、子供は正直だといい、それも一面の事実であるが、或る場合真実を語るのは勇気を要することを考えると、人は道徳的に鍛えられて始めて——或いは益々——正直になるともいえるのである。それ故、正直ということも私は必ずしも生得のものでなく、修練心がけによって養い得る徳、或いは修練心がけによっていよいよ高め得る徳だと思う。或る人が、アジア民族の独立も結構だが、それより前にアジア人は嘘を吐くのが平気でない民族にならなければならぬといった。痛烈極まる批判だが、この批判を無用として斥け去ることが出来ないのは悲しむべき事実である。

第二には、物事を他人の身になって考え得る人になってもらいたいと思う。自分の身を痛めて他人のそれを察せよという意味の言葉は殆どいずれの国にもあることであろう。凡《す》べて人にせられんと欲する如くその如く人にもせよ、とは古今不易の教えである。それはすぐわれわれの心にひびく。誰れもそれをきいて何故かと問うものはない。それでいながら、人は屢々《しばしば》人にせられんと欲する如く人にもすることを忘れ、或いは知りつつ懈《おこた》るのである。そこにこれを憶い出させ或いは励ます必要が起る。その必要を否認するものがあれば、それは人間を蔑視するか、或いはこれを過信するものであろう。逆説好きのバアナアド・ショオは嘗《かつ》てこの黄金律に逆らって、人にせられんと欲する如く人にはするな。人々の趣味は違うかも知れぬ、といったことがある。一見反対説のようであるが、考えて見れば、自分を他人の位置に置いて察せよという実質は変らない。わが身をつねって人の痛さを知れというのも、自分が好きだからといって飲めない酒を人に強いるな、というのも、畢竟は同じ事に帰する。人の心を思いやれということは、いずれの場合も変らない。私は自分の年少の友等が、この思いやりのある人になることを願う。

第三には感謝を知る人となれ、ということである。感謝には客観的規準はない。どんなことにも感謝する人、どんなことにも感謝しない人がある。渇いているときにコップに水が半分あるとする。これを、水が飲めると取ることもできる。水がコップに半分しかない、と取ることも出来る。いずれも間違いではない。いずれを取るかはその人の人生に対する態度によって定まる。人が感謝に値しないことに感謝するといって嘲けることも出来る。感謝すべきことに対して感謝を知らないといって憐れむことも出来る。何人も絶対的にいずれが正しいと裁断することは出来ない。ただ確かなことは、感謝を知る人は、己れ自身とともに周囲の人々を幸福にするということである。自分が幸福になるのは残念だ。人を幸福にするのはなお残念だ、という気持のものもあるであろう。それは已むを得ない。それに対してはただ「そうか」といってきくより外はない。

或る友人（イギリス人）からきいたことがある。彼れは子供のとき、人に感謝することを知らない子供であったという。母なる人がそれを心配してしつけをした。玩具かなにかをくれようとする。彼れは黙ってそれを受け取ろうとする。母は玩具の手をはなさず、子供の目を見ている。気がついて「サンキュウ」という。母は手を放す。それを繰り返されることによって、彼れは口で「サンキュウ」ということを覚え、また心で人の好意を感謝することを知ったという。この母の訓えは彼れの一生にとり大きな賜ものであったと、私は思う。

第四に、己れの非を認める勇気を持ってもらいたいと思う。人誰れか過ちなからん。生涯の間にわれわれは無数の過ちを犯す。ただ願わくはその過ちを潔《いさぎ》よく認め潔よく改める人となりたいものである。飾るな、胡魔化すな。負け惜しみをいうな。自分が過ったと知ったら、百のものは百認めて責任を取る。この簡単なこともこれを実行するには勇気を要する。その勇気が、今の日本にはあまりにも欠けて、人々はただ陳弁ばかりしているというのが現状ではないか。次ぎの世代が快爽の精神に富み、少なくも陳弁をいさぎよしとしない世代であることを、私は切に願う。

大略以上のようなことを私は演壇からいった。しかし、あとで考えて見ると、それは皆詮じつめ或いは敷衍《ふえん》すれば、忠恕の二字に含まれることである。「夫子ノ道ハ忠恕ノミ。」この章句を、私は何時初めてきいたのであったか憶えていない。しかし憶えぬながら、それは多くの人と同じく私の心の中に座を占めていたのであろう。ここにそのことのままを記して産経時事の新年号に贈る。

（『産経時事』昭和33年1月1日）

自ら責むること厳しきもの

ごく小さな出来事であるが記憶にのこっていることがある。

十余年前、私が慶應義塾在任中のことである。有名な或る運動部の選手某が喧嘩して人をなぐって、新聞に出された。それは或る大試合に名誉の勝利を得たその晩の出来事であった。新聞は慶應の優勝を報道する同じ紙面に右某の失態を大きく報道した。しかも彼れはその部の主将である。学生や同窓校友は勝利の歓びから一挙に不面目の深谷へ突き落された。

右の某は——注意する先輩もあったのかも知れぬが——責任を感じて直ちに退部を申出で、即日選手の合宿を去った。私はこの進退をよしとした。

事情をきけば気の毒であった。右の選手は優勝の夜、友達の誘うに任せ合宿を出て、どこかで一酌し、その家を出たところでその同行者が喧嘩を吹っかけられ、それを救援した余り相手をなぐってしまったのである。警官が来て警察へ引かれたところへ、折悪しく事を好む新聞記者が来合せたので、大きな記事にされてしまった。

いかにも不運であった。しかし当人としては不覚たるを免れない。運動選手として、殊に主将として、優勝の夜の如きは、別して行動を慎まなければならぬ筈であるのに、ごく無害な場所であったとはいえ、酒気を帯びて徘徊する巷の人群れに自分が近寄ったのは不用意であった。他の選手の行動にも注意を与えなければならぬ主将の身として、ウカウカその辺に立ち回り、喧嘩口論の捲きぞえを食って所属の部の名誉を傷つけたのは、何としても申訳ないことであった。「ノブレッス・オブリイジ」。一方に運動選手として華々しい栄誉を担うものは、他方においてそれに相当する責任を負わなければならぬ。私は自分の属する部の名誉を重んじ、自ら退部してその責を明らかにしようとする某の決心を正しいと思ったから、色々彼れに同情して取りなすものもあったけれども、顧みなかった。某の進退は当然である。また某自身に対するその結果も決して悪くはないことを信ずる、と私は言った。

世人は某に同情し、寧《むし》ろその自ら責めることが厳しきに過ぎると評するものもあった。

二三カ月すると、右某の復部歎願の運動が他の運動部員の間から起って来た。そうしてその運動に与かるものの中には、始め右某の失態を咎める側に立ったものも多かった。やがて歎願は聴かれ、某は迎えられて復部した。事件の起ったのは晩春であったが、秋のシイズンにはすでに問題は解決し、某は再び選手として試合に出場し、学生運動家としての終りを全うして、やがて翌年学窓を去って往った。そうしてひとり当人自身のみならず、彼れを知るものは皆な彼れの復活を喜んだ。もはや誰れ一人彼れの前日の過ちを口にするものはなかったのである。

彼れが自ら責めることの厳しかったために、ひとりその属する部の名誉が護られたばかりでなく、人は皆な彼れの一旦の過失を宥《ゆる》し、且つ忘れた。もし彼れが未練がましく陳弁し、或いは誤った同情者の同情の言に動かされて、そのまま居据わるようなことをしたら、ひとりその部の名誉と信用とが傷つけられたばかりでなく、彼自身もまた何時までも、人の顔さえ見れば言い訳ばかりしなければならぬような気分を脱することが出来なかったであろう。

卒業後私は久しく彼れを見ず、またその消息を聞かぬ。今はどこで如何なる職務に就いているかも知らないが、しかし青春時代に属するこの一つの経験は、彼れの一生のために容易に得難い教訓となったと思う。過失は人に免れ難い。しかしその過失をいかに償うかということが大切な問題である。

不幸なる過失のあった場合、先ずこれを弁解したいと思うことは、当人にも他人にも免れ難い人間の弱点である。そのため往々決断が鈍る。しかし人間にこの弱点があるということを常に憶い起すのは、何よりも大切なことであろう。

話は渺《びょう》たる一学生選手の進退に過ぎぬといってはならぬ。一学生の進退にも、世の表てに立つ公人の進退にも、同じ反省と決断とは常に必要である。同時に他人もまた常に正しき同情をもって公人の正しき進退を援けなければならぬ。正義の衡《はか》りは微妙にしてしかも誤りがない。自ら責めること厳しきものに対して世は常に寛大である。これに反するものはこれに反す。

いやしくも公務の尊厳と威信とを重んずるものは、また常にこの事を思わねばなるまい。

（『夕刊中外』昭和24年11月28日）

編者注

平沼　亮三（一八七九〜一九五九）
幼稚舎より慶應義塾に学び、野球をはじめ様々な運動に取り組み、各種スポーツの草分けとなった。卒業後は、昭和七、十一年のロサンゼルス、ベルリン両五輪の日本選手団長を務めたほか、各種運動団体の初代会長を歴任、「スポーツの父」と呼ばれた。昭和二十六年より横浜市長となり、現職のまま没した。文化勲章受章。昭和五十四年、野球殿堂入り。横浜三ツ沢競技場、慶應義塾日吉陸上競技場に平沼の銅像がある。

熊谷　一彌（一八九〇〜一九六八）
慶應義塾大学に学ぶ。在学中、体育会庭球部は他に先がけて軟式をやめて硬式テニスを採用、名手熊谷は忽ち硬球でも第一人者になった。大正五年、卒業と同時に渡米、全米一位ジョンストンを破り全米の注目を集める。同九年、アントワープ五輪にて単複銀メダルを獲得し日本初の五輪メダリストとなる。同十年、日本として初挑戦のデ杯で決勝に進出した。

獅子　文六（一八九三〜一九六九）
本名岩田豊雄。幼稚舎より慶應義塾で学んだ後、演劇研究の為渡仏。帰国後、戯曲の創作、翻訳、演劇評論を手がけ、日本の演劇育成にも努めた。また、『海軍』、『娘と私』をはじめ、多くの小説を書き人気を博した。文化勲章受章。

澤木四方吉（一八八六〜一九三〇）
普通部より慶應義塾に学び、明治四十二年大学部文学科卒業。慶應義塾の教員となり、欧州に留学した折りには、小泉信三、水上瀧太郎らと同じ下宿で語り明かした時期もあった。『美術の都』（岩波文庫）は留学中の紀行文。日本の西洋美術史研究の草分け的存在。

水上瀧太郎（一八八七〜一九四〇）
本名阿部章蔵。小泉信三とは御田小学校、慶應義塾普通部以来の同級生で親友。小泉の妻とみは章蔵の妹である。明治四十四年慶應義塾大学理財科卒業。在学中に書いた「山の手の子」を皮切りに三田文学などに作品を発表。『倫敦の宿』には、留学中の小泉信三、澤木四方吉らの姿も描かれている。また、『貝殻追放』（岩波文庫）は、正義感溢れる随筆集として知られる。その傍ら、父阿部泰蔵が創業した明治生命に勤め、「会社員としては最も勤勉であり、作家としては最も純粋」をモットーとして二重生活を通した。

林　毅陸（一八七二〜一九五〇）
慶應義塾大学部文学科卒業。大学部政治学科にて欧州外交史を講じた。世紀送迎会での演説など雄弁家としても知られる。大正十二年から昭和八年まで塾長を務め、その間に計画した日吉キャンパス開設は、次の塾長小泉信三に引き継がれて完遂した。

志村　彦七［コラム執筆者略歴参照］

石井小一郎［コラム執筆者略歴参照］

山岸二郎（一九一二〜一九九七）

慶應義塾大学在学中、体育会庭球部で活躍、全日本選手権にて四度の単複制覇を果たす。また、デ杯代表選手に四度選ばれると共に、ウインブルドン大会にも三度出場した。昭和十三年の世界ランキング七位。

ティルデン（一八九三〜一九六五）

Bill Tilden　一九二〇〜一九二五年にかけて、アメリカのデ杯安泰を守った「テニスの神様」。この六年間のデビスカップシングルス全勝、全米オープン六連覇と絶対的な強さを誇った。一九二一年のデ杯決勝では清水善造、熊谷一彌と対戦した。

清水　善造（一八九一〜一九七七）

東京高等商業学校（現一橋大学）在学中は軟式テニスで活躍。三井物産入社後、赴任先のインドで硬式テニスに出会う。大正十年、熊谷一彌と共にデ杯代表となり、決勝で優勝国アメリカのティルデンを、あと二ポイントで勝利というところまで追い詰めた。

原田　武一（一八九九〜一九七八）
慶應義塾大学在学中は庭球部で活躍。卒業した大正十三年より、パリ五輪をはじめ世界を転戦し、デ杯には五度、ウインブルドン大会には三度出場した。同十五年、全米三位、世界ランキング七位。

腰本　壽（一八九四〜一九三五）
大正十五年、母校の慶應義塾大学野球部監督に就任、昭和三年秋の全勝優勝（これを記念して青赤青のストッキングに白線が加えられた）を含め七度の優勝を果たす。ハワイ生まれで、得意の英語を生かし、米国流の近代的科学的野球を導入、「腰本の前に腰本なし、腰本の後に腰本なし」と言われた名監督。昭和四十二年、野球殿堂入り。

三宅　大輔（一八九三〜一九七八）
慶應義塾大学在学中は野球部捕手として活躍。卒業後、早慶戦復活時の監督。プロ野球創設につながる、昭和九年の来日大リーグ選抜チームに対する全日本の監督を務める。その後、巨人軍初代監督、阪急監督などを務めた。昭和四十四年、野球殿堂入り。

槇　智雄（一八九一〜一九六八）
大正三年慶應義塾大学理財科を卒業後、オックスフォード大学に学ぶ。帰国後法学部教授。昭和八年より学務担当理事として小泉塾長を助け、特に日吉キャンパスの建設に尽力した。戦後は、防衛大学校の初代校長を務めた。

宮武　三郎（一九〇七〜一九五六年）
慶應義塾大学在学中は、昭和三年秋の全勝優勝をはじめ、投打に活躍、山下実らと共に野球部の黄金時代を築く。通算七本塁打は、長嶋茂雄に破られるまで六大学記録であった。卒業後は、三宅大輔率いる阪急ブレーブス創立に参加した。昭和四十年、野球殿堂入り。

山下　実（一九〇七〜一九九五）
慶應義塾大学在学中は野球部で活躍。六大学野球で六本塁打を放ち、その長打力から「和製ベーブ（ルース）」とも呼ばれた。卒業後は、宮武三郎らと阪急ブレーブスの創立に参加した。昭和六十二年、野球殿堂入り。

濱崎　真二（一九〇一〜一九八一）
慶應義塾大学在学中は、大正十四年の早慶戦復活第一戦で登板、野球部黄金時代の基礎を築く。卒業後は満鉄に入り、都市対抗野球等で活躍した。戦後は阪急等の監督を務めたが、時に投手を兼ね、四十八歳で勝利投手にもなった。引退後は、評論家として苦言、直言を球界に述べ、「球界彦左」と親しまれた。昭和五十三年、野球殿堂入り。

宮原　清（一八八二〜一九六三）
明治三十六年、第一回早慶戦の時の慶應義塾大学野球部主将。卒業後は実業界で活躍。その傍ら、昭和二十四年、日本社会人野球連盟の初代会長に就任。また、アジア野球連盟会長等も務め、国際的にも多大な貢献をした。昭和三十九年、野球殿堂入り。

櫻井彌一郎（一八八三〜一九五八）
慶應義塾大学在学中は、第一回早慶戦の勝利投手となる。また「若き血」の前の応援歌「天は晴れたり」の作詞者としても知られる。昭和三十六年、野球殿堂入り。

小野三千麿（一八九七〜一九五六）
慶應義塾大学在学中は早慶戦中止時であったが、OB中心で現役を加えた三田倶楽部の選手として、三田―稲門戦で活躍。早稲田の谷口五郎との投げ合いが注目を集めた剛球投手。卒業後毎日新聞社に入り、同社主催の都市対抗野球の発展に尽力、その功績は「小野賞」として伝えられている。昭和三十四年、野球殿堂入り。

福田子之助（のちに島田善介と改名）（一八八八〜一九五五）
強肩の名捕手。明治四十四年、慶應義塾野球部の初の米国遠征に参加。卒業後も三田倶楽部でプレーし、大正十一年には、小野三千麿とのバッテリーを組んで活躍、来日米大リーグ選抜チームをはじめて破った。昭和四十四年、野球殿堂入り。

水原　　茂（一九〇九～一九八二）
慶應義塾大学在学中は、投手兼三塁手として活躍、早慶黄金時代を築いた。卒業後、創設された巨人軍に入団。戦後は、巨人、東映、中日で二十年余にわたり監督を務め、優勝九回、プロ野球界を代表する名指揮官であった。昭和五十二年、野球殿堂入り。

和木清三郎（一八九六～一九七〇）
昭和三年より水上瀧太郎を「精神的主幹」とした三田文学の編集に当たり、同十九年まで編集長を務めた。戦後独立して出版業を起こし、昭和二十六年に創刊した雑誌『新文明』は、小泉信三が毎号寄稿したこともあって、それを楽しみに購読する読者も多かった。小泉が亡くなった際には、同誌の臨時増刊『小泉信三先生追悼録』の編集に没頭、六九〇頁の大部の書をまとめた。

池田　成彬（一八六七～一九五〇）
慶應義塾で学んだ後、渡米しハーバード大学を卒業。三井銀行常務理事、日銀総裁、蔵相等を歴任した。また、慶應義塾の評議員会議長として塾長小泉信三を支え、小泉も義塾の運営のことなど、親しく相談した。

板倉　卓造（一八七九～一九六三）
明治三十六年、慶應義塾大学部政治科を卒業。法学部教授として政治学等を講じ、法学部長、体育会会長等を務めた。その傍ら、同三十八年に福澤諭吉創業の時事新報社に入社、同紙に社説を書き続けた。昭和二十一年、時事新報復刊に際しては、社長兼主筆を務めた。第一回新聞文化賞受賞。

伊藤　正徳（一八八九〜一九六二）
慶應義塾大学在学中庭球部に所属。そこで三年先輩の小泉信三に出会い、また練習で鍛えられた。卒業後、時事新報社に入社し、第一級の海軍記者として活躍した。主な著書に『連合艦隊の最後』『連合艦隊の栄光』等がある。

三邊　金藏（一八八〇〜一九六二）
明治四十一年、慶應義塾大学部理財科卒業。英国、ドイツに留学し、同地にて小泉信三とも親しく過ごした。帰国後は、経済政策を講ずる傍ら、慶應義塾にはじめて会計学を開講、我が国における会計学のパイオニア的存在となった。また、戦時下のキリスト教系学校への圧迫の中、頼まれて立教大学総長を務め、苦境を救った。

小伝・小泉信三

山内　慶太

（一）「父の影像」

「不幸にしてその面影をも知らぬ亡き父を慕い、その志を尊び、居常その名を辱しめぬことを期する心は、福沢にあって強い道徳的支柱となった。そうして、福沢が父の肉身を見ず、その肉声を聴かなかったことは、かえって一層その父を影像として理想化せしめるものではなかったろうか」

小泉信三先生の最後の著書となった岩波新書『福沢諭吉』の「父の影像」と名付けられた章の一節である。実は、小泉先生自身も僅か六歳で父を喪い、気丈な母の女手一つで育った。それだけにこの一節には、福澤先生への深い共感が表れていると共に、小泉先生の生涯にもそのまま当てはまるように思われる。

小泉先生は明治二十一（一八八八）年五月四日に生まれた。父信吉《のぶきち》は慶應義塾の出身で、横浜正金銀行創立に際し同行副頭取を務め、後に慶應義塾の塾長も務めた。しかし、明治二十七年、四十五歳で早世する。信吉の才能と人柄を深く愛した福澤諭吉先生は、死の直後に弔問に訪れ、その翌日には、絹地にしたためた長い弔文を届けた。その弔詞には信吉の履歴に続けて「その心事剛毅《ごうき》にして寡慾《かよく》、品行方正にして能《よ》く物を容《い》れ、言行温和にして自から他を敬畏せしむる」、「その学問を近時の洋学者にしてその心を元禄武士にする者は唯《ただ》君に於《おい》て見るべきのみ(1)」など彼の人となりが丁寧に記されており、「福澤諭吉涙を払て誌す」と結ばれていた。福澤先生が弟子の死を惜しむと共に自らの生い立ちを重ね合わせ、幼き遺児達を思って弔詞を書いたのであったか、その心のうちは想像するよりほかないが、爾来、父信吉の命日には必ず、母千賀はこの弔詞を取り出して床の間に掛け、子供達に読ませた。直接の父の記憶は乏しくとも、この弔詞に記された父の姿は、小泉先生の内面に深く刻み込まれたに違いない。

父を亡くした一家は、横浜から三田に戻り、しばらくは福澤邸内の一棟に住むなど、福澤先生の庇護を受けた。福澤先生が、「信《しん》さんカンガローを見に行こう」と、やはり父親を亡くしたばかりの自身の孫と一緒に上野の動物園に小泉先生を伴うようなこともあった。このように、福澤先生と親しく接する機会は少なくなかったが、福澤先生が没した時には小泉先生は未だ十二歳であった。「小児の目に偉人はない。(中略)福沢について何も心に留めて観察したことがない」(岩波新書『福沢諭吉』)のであって、あと十歳自分が長じていたらと後に嘆いた。

(二)「運動家が勉強家に」

福澤先生が亡くなった翌年の明治三十五年、小泉先生は慶應義塾の普通部に入る。普通部時代の先生はテニスに没頭した。テニスをはじめた当時、勢力の中心は東京高等師範学校、東京高等商業学校であった。しかし、明治三十七年秋、慶應義塾の庭球部は高商戦で勝利を収め、高師、高商、慶應、早稲田の四校時代へと移るのである。この時、大将として活躍したのが小泉先生であった。後に学習院の院長を務め、先生とも親交を結ぶことになる安倍能成がその年、先生の試合を見ている。アルバイトで日本新聞社の運動記者をしていたのである。安倍は、その時のことを記している。

「小泉信三君に初めて逢ったのは、恐らく明治三十七年の秋であったろう。(中略)慶應義塾の庭球試合の主将、小泉君の後衛振りを見たのである。小泉君は明治二十一年生れで、その時は十六歳何ヶ月のはずだから、まだ普通部時代だったらしく、当の小泉君からもそう聞いた。小泉君は普通部の年少にして、既に大学部の選手に伍するばかりでなく、慶應庭球部全体の大将だったのだから、庭球の技だけでも稀な非凡の材だったことは分かる。眉目が秀麗で、体格は大きく、態度は確かで強く、実に堂々たる貫禄の所有者だという印象は、はっきり私に残って居る」(2)

四校時代に入るとテニスは一般に人気を集め、先生の活躍は新聞にもしばしば取り上げられた。運動選手の写真が掲載されることの未だ珍しい時代に、先生のフォームを載せた新聞もあったという。

しかし、大学部に進学した頃から先生の興味はテニスから学問へ傾斜する。「お前の二十の年はどういう年だった、ときかれたら、運動家が勉強家になった年だといえる」(「私の二十の頃」)のであった。良き師と出会ったことも大きく、「私に学問に対する興味を喚起し、学校教師になりたいという志を起こさしめたものは、第一に福田博士であった」（「大学と私」）と後に語っている。福田は、当時東京高等商業学校（現在の一橋大学）から慶應義塾に招かれたばかりで、理論研究、社会政策、日本経済史に亘り経済学者として幅広く活躍した。因みに福田は、大正二年に小泉先生の『ジェヴンス　経済学純理』が刊行された際、序文に「小泉信三君は慶應義塾が近年に於て産出したる麒麟児の一人なり」と記した人でもある。

大学部を卒業した先生は、そのまま理財科（今日の経済学部）の教員になったが、塾に残るにあたって理財科主任堀江帰一からは、「学者になるのは相撲取りになるようなものだ、これが役者だと、家柄の子に役がつくということもあるが、相撲にはそれがない、相撲は土俵が強くなければ何ともならない、それだけに面白いのだ」（『私の履歴書』）と言われた。先生はこの激励の言葉を気に入っていたようで、後に何度も述懐している。

（二）　欧州留学

教員に採用されて二年後の大正元（一九一二）年から大正五年にかけて、慶應義塾から派遣されて、英国、ドイツ等に留学した。留学中、経済学者としては、様々な講義を聴き、多くの書物を読み、更に、当時のいわゆる労働不安などの社会情勢と社会主義運動について観察と考察を深めた。

しかし同時に、演劇、音楽、スポーツ等も実によく楽しんだ。テニスは、テニスクラブにも入って、学生時代とは違う硬式テニスをプレイした。クラブのトーナメントでは優勝し、ウィンブルドンのテニス大会の観戦記は、時事新報に特信として掲載された。留学中の日記を収めた『青年小泉信三の日記』（慶應義塾大学出版会）にはクラブでの一齣が描かれている。

「昨日クラブで例の娘（例の娘と書くより外はない。その名前を知らないからである。クラブで一番器量が好い娘である。声の朗らかな娘である）とシングルをした。この娘とももう逢えないのだと思うと哀愁をしみじみ感じる。貴方は来年もこのクラブに御出になりますかなどときかれると情けなくなる。

男の友達の中にも手を握って「来年も来るか。僕は近く巴里へ行くから、もう今年はこれで御目にかかれまい」などと挨拶するものがあった。「今年はこれで御目にかかれない。」ああ今年逢えなければこれで一生逢えないのである。一生これきり逢えないのである」

はじめてクラブでテニスをした大正二年五月十七日には「英吉利人の無愛憎《ぶあいそう》も腹が立つ。倶楽部に入っても友達がいないから自分は人のゲームを見物して時間の大部分を費やした」と記した先生が、ロンドンからドイツに発つ前、同じ年の九月二十一日に記した日記である。

（四）「ただ常に彼等と共に在る」

大正五年春に帰国すると、小泉先生は慶應義塾大学の教授となって、「経済原論」「経済学史」等を担当することになった。それから塾長になるまでの十七年間は、学者として授業と著述に専心した時期である。ロシア革命、第一次世界大戦の終結、それに伴う社会不安などにより、社会主義、共産主義などへの関心が日本国内で高まった時期でもあり、『中央公論』『改造』などの総合誌に発言を求められた小泉先生は、マルキシズム批判等を展開し、論壇の一人として注目されるようになった。同時に、その過程の中から、『近世社会思想史大要』『リカアドオ研究』『マルクス死後五十年』等の著書が産まれた。

このような旺盛な著作活動の一方で、学生に対しては、「ただ常に彼等と共に在る」(「テニスと私」) ことを大切にし、自らもそれを楽しんだ。大正十一年から昭和七年にかけて務めた庭球部長としての姿は、本書の多数の随筆に表れているので多言を避けるが、実に多くの時間を学生と共に過ごし、よく激励した。また、練習でお腹をすかせた部員達をしばしば自宅に招いた。

「この味は下戸も上戸も知らざらむ　テニスのあとのビールの一杯」(3)

これは先生の作である。そして、「部長というよりは、寧ろ幹事長か主将の助手くらいな気持で部員諸君と一緒に遊んで暮らした」(「大森時代」) という部長時代に、慶應義塾の庭球部は早稲田の黄金時代に終止符を打って、「庭球王国慶應」と世に称されるまでになったのである。

ゼミナールの指導も同様で、たとえば、学生達は木曜日になると小泉先生の自宅の二階に集まり、夜遅くまで語り合った。この「木曜会」は、次第にゼミ以外の塾生も加わるようになって、多い時には六十人を超え、二階の床が抜けないか専門家に確認したほどであったという。また、ゼミでの指導は、「先生の見解に反対の立場の学生をきらうどころでなく、逆にこれを可愛がり、先生の意見に追従する学生よりかえって前の者を高く買うという傾向があった」(4) と先生のゼミの出身で経済学部長も務めた伊東岱吉は述べている。

（五）　剛強なる心志

昭和八（一九三三）年、小泉先生は四十五歳にして慶應義塾長に選ばれ、爾来十四年間に亘ってその職を務めることになった。この時、「逡巡した。併し結局意を決して引き受けた。その時心の中に憶い起こしたのは、運動選手と暮らした十年の事であった。数十人の運動部と一万人以上の大学校とは比較できないが、常に青年と共にいて、その一人一人の個性を尊敬し、その成長を悦び、その人々のよき先輩たることを期する一事は同じではないか。というような事を、私は自分で自分に言い聞かせた」（「テニスと私」）という。

それ故にこそ、在任中も極力「学生と接触すること」（『私の履歴書』）に務め、塾生に向けて実に熱心に書き、また語りかけた。その中で代表的なものが、「塾の徽章」の講話であろう。「心志を剛強にし容儀を端正にせよ」で始まり、「善を行ふに勇なれ」で結ばれた「塾長訓示」はその要点をまとめたものである。

在任中の主な事業には、日吉キャンパス開設と、塾員藤原銀次郎による藤原工業大学（慶應義塾大学理工学部の前身）の創立と慶應義塾への寄附がある。しかし、再選された昭和十二年には日中戦争（支那事変）、三選された十六年には太平洋戦争がはじまったことが象徴するように、戦時色が強まる困難な時代であった。

どこの大学でも、思想の弾圧と学校教育への政府の介入は厳しくなったが、特に慶應義塾は、西洋文明を導入した福澤諭吉の創立した学校、自由主義の学校として、様々な言いがかりをつけられた。たとえば、図書館のステンドグラスの、封建時代を表わす鎧武者が文明の女神を迎えている図柄にまで、日本の武士が西洋の女性にひざまずくとはけしからんと非難された。当時野球部長を務め先生に親しく接した平井新は、「戦争中福沢諭吉を国賊と罵り、はては慶應義塾を押し潰さんばかりの軍部の圧力に、よく抗し、よく耐えて、よく「法城」を守りぬかれたその消息はあまり世人に知られてはいないが、その「知られざる功績」は慶應義塾と共に永く生きることであろう[5]」と先生が亡くなった折りに追悼した。戦時中、他の多くの大学と異なり、思想の故に去らなければならない教員が出なかっただけでなく、元の大学の図書館さえ利用できない他大学の元教授達に利用の便宜を図ったのも慶應義塾であった。

学生スポーツへも様々な圧迫が加えられたが、小泉先生は、たとえば六大学野球連盟が解散を命じられた時に文部省の体育審議会に出向いて考えを述べるなど、学生スポーツの保護に努めた。戦況が悪化する中、昭和十八年十月に行われた出陣学徒壮行早慶戦も、早稲田大学野球部マネージャー相田暢一氏の随想がよく示すように、学生生活の最後の記念に早慶戦をしたいという学生達の望みをかなえる為に、軍部や文部省の顔色を窺うことなく、終始その実現を支援したのであった。

（六）当代の名文家

小泉先生は、昭和二十年八月十五日の終戦を慶應病院の別館の病室で迎えた。五月二十五日の空襲で、三田綱町グラウンド脇の自宅が大型焼夷弾の直撃を受け、全身に重度の火傷を負ったのである。既に、長男信吉《しんきち》を十七年十月に南太平洋方面の海戦で喪っており、母千賀も翌二十一年一月に喪う。慶應義塾もまた、甚大な被害を受けた。たとえば、三田地区は空襲で五割強の、四谷地区は六割強の施設を失った。そして何よりも多くの塾生が戦死した。こうした苦悩の中から、小泉先生の戦後ははじまったのである。

傷が癒え、塾長も辞した先生は、求められるままに文筆活動を再開した。敗戦間もない当時、敗戦からの国の再建の道標が求められていたので、先生の論説は広く歓迎された。たとえば、年来のマルキシズム批判を基にした『共産主義批判の常識』は昭和二十四年のベストセラー第二位になった。また、吉田茂内閣が米国を中心に自由主義国との講和条約の締結、いわゆる多数講和を目指したのに対して、ソ連なども含めた全面講和と非武装中立を目指すべきだとの批判が起こった時には、実現不可能な全面講和よりも、多数講和によって占領下から早期に独立することの必要性を説いた。「それ（説得的な論旨）以上に感嘆しているのは、全言論界が全面講和論で一色に塗りつぶされているようなその状況の中で、敢然として反対の部分講和論を主張されたその勇気です(6)」と元塾長の石川忠雄氏は述べている。この論争の何れが正しかったかは、その後の歴史が示す通りである。

また、雑誌『文藝春秋』や『新文明』に書かれた、読書、友人、スポーツ等多岐に亘る随筆は、多くの人に愛読された。先生の文章の特質は、長谷川如是閑と柳田國男の長旅に随伴した嘉治隆一の回想がよく示している。則ち、「当代の名文家」が二人の間で話題になった時、「その結論として、「先ず小泉信三君に指を屈すべきであろう」という意見に落ち着いた。……彫琢は加わっていても鼻につくような舞文ではなく、簡潔で達意で、含蓄に富んで居る。而も真剣な筆致の裡に、何となくゆとりとユーモアが流れて居て、示唆するところが豊かである。その上、どこか文学的素養の香りもほのかに漂っている……というような批評が、両長老の口ずから交されていた(7)」という。

なお、戦後も色々な公職の依頼があったが全て断った。唯一の例外は東宮御教育常時参与としての仕事で、皇室の在り方が問われた難しい時期に、今上天皇である皇太子殿下の御教育に携わった。昭和四十一年五月十一日、小泉先生は心筋梗塞で急逝した。七十八歳であった。その生涯を、ある人は先生のフォアハンドからの力強いストロークに譬え、またある人は、先生のスタンドプレイを嫌うスポーツマンシップに譬えた。先生は晩年、癌で病床にあった姉を見舞った際に、ふと思いついて「福澤先生のエライところはどこだったろう」と尋ねた。姉はすぐに「それは愛よ」と答え、福澤先生がいかに人を愛する人であったかを話したという。小泉先生の生涯をこれと重ね合わせる人もまた少なくないであろう。

先生の著作は、没後編纂された『小泉信三全集』全二十八巻があるので、今日でも簡単に手にとることができる。先生の生涯と人柄は、今村武雄著『小泉信三伝』や長女秋山加代、次女小泉タエの両氏の多くの随筆からも知ることができる。また時代が平成になってからも、『平生の心がけ』

『私の福澤諭吉』（以上講談社学術文庫）、『福沢諭吉』（岩波新書）、『海軍主計大尉小泉信吉』（文春文庫）、『わが文芸談』（講談社文芸文庫）、『青年小泉信三の日記』（慶應義塾大学出版会）をはじめ、新たに出版され、あるいは版を重ねている本が少なくない。本書が、それぞれの読者にとって、様々な小泉先生の著作を改めて読む糸口になれば、編者としてこれ以上の喜びはない。

（1）『福澤諭吉著作集　第5巻』（慶應義塾大学出版会）平成十四年、一九一頁。
（2）安倍能成「小泉君のこと」『小泉信三選集　第二巻』月報（文藝春秋新社）昭和三十二年。
（3）小泉タエ『届かなかった手紙　父小泉信三との日々』（講談社）昭和五十一年、一一四頁。
（4）伊東岱吉「小泉研究会―恩師の思い出―」『三田評論』昭和四十一年八・九月合併号。
（5）平井新「剛強不屈の小泉先生」『小泉信三先生追悼録』（新文明社）昭和四十一年。
（6）石川忠雄「小泉信三先生と私」『三田評論』平成八年八・九月合併号。
（7）嘉治隆一「当代の名文家」『小泉信三全集　第十四巻』月報1（文藝春秋社）昭和四十二年四月。

海軍主計大尉小泉信吉

神吉　創二

小泉信三先生は、ご子息の壮絶なる戦死という訃報から約一年余りをかけて、愛するわが子を想った追憶記を書かれた。何処の世界にも、自分の子どもを先に失うことを望む親はいない。しかしこの時代、必ずしもその順序は護られなかった。小泉先生は、ご子息の誕生の思い出から幼稚舎、普通部と進学し、三菱銀行就職、そして海軍軍人となったその成長を頼もしく見守り続け、そして国の為に散っていくまでの二十五年間を、ありったけの愛をもって余すところ無く、そして飾らずに綴った。どんな想いで、この書を書かれたのだろう。子を持つ親ならば、誰しも胸を締め付けられる。しかし、小泉先生は息子信吉のその短かい一生をも誇らしく、こう語っている。その大きな父親の懐に心打たれる。

「親の身として思えば、信吉の二十五年の一生は、やはり生きた甲斐のある一生であった。信吉の父母同胞を父母同胞とし、その他凡ての境遇を境遇とし、そうしてその命数は二十五年に限られたものとして、信吉に、今一度この一生をくり返すことを願うかと問うたなら、彼れは然りと答え

長男・信吉を抱いて（大正８年）

るであろう。父母たる我々も同様である。親としてわが子の長命を祈らぬ者はない。しかし、吾々両人は、二十五年の間に人の親としての幸福は享けたと謂い得る。信吉の容貌、信吉の性質、すべての彼れの長所短所はそのままとして、そうして二十五までしか生きないものとして、さてこの人間を汝は再び子として持つを願うかと問われたら、吾々夫婦は言下に願うと答えるであろう。信吉は文筆が好きであった。若し順当に私が先きに死んだなら、彼れは必ず私の為めに何かを書いたであろう。それが反対になった。然るにこの一年余り、私は職務の余暇が乏しかったので、朝夙《はや》く起きて書いたり、夜半に書いたりしたこともあるが、筆の運びは思うに任せず、出来栄も意の如くならなかった。しかし信吉は凡てそれをも恕《じょ》するであろう。彼れの生前、私はろくに親らしいことがしてやれなかった。この一篇の文が、彼れに対する私の小さな贈り物である。」

こういった親子が我が国にあった。そしてそれが他ならぬ慶應義塾の偉大なる先輩であることを私は心から誇りに思う。小泉先生は、何事にも屈強な精神力を持っていた。それは慈愛に溢れた優しい心に裏付けられた精神力であったと思う。空襲で大火傷を負った時も「お前たちでなくてよかった」と家族を労わった。この真実の一言は、昭和十五年の小泉塾長訓示「途に老幼婦女に遜れ。善を行うに勇なれ」に如実に顕れている。日頃から心志を剛強にし容儀を端正にせよ、師友に対して礼あれ、と塾生に話されていた通り、先生は内に省みて少しでも恥ずかしくない日々を心掛けて過ごされた。晩年、というより亡くなられる前日までも活気に溢れていたという。しかしその剛毅の裏に、私は小泉先生の実は人一倍涙脆い姿を見ることができるのである。先生は数え七歳にして父親（父小泉信吉《のぶきち》は、福澤塾に学び、明治二十年慶應義塾長となる。小泉信三は父「信吉《のぶきち》」の名前をとり、息子を「信吉《しんきち》」と名付けた。）を亡くした。そして子を失い、孫を失い、親友であり義理の兄である水上瀧太郎を失い、姉妹も一人残らず先に失った。「人の世の愛別離苦をたびたび味わった人だった。」と長女秋山加代さんは随筆『父小泉信三』（秋山加代・小泉タエ　毎日新聞社　昭和四十三年）の中で書かれている。その小泉先生が、長男信吉の戦死を平然と是運命と受け入れたか。「なに、これで好いんですよ」という言葉を息子信吉の口から二、三度聞いたという先生が、同じ台詞をもって言ったとは私は捉えない。

小泉先生は出征される息子信吉に書簡を渡している。信吉はそれを二、三度読み返し、「素敵ですね」と言った。そして軍服の胸のフックを外して、封筒を内懐に収めた。そして海戦の戦闘開始の時には、これを読み返してから配置に就いたという。

君の出征に臨んで言って置く。

吾々両親は、完全に君に満足し、君をわが子とすることを何よりの誇りとしている。僕は若し生れ替って妻を択べといわれたら、幾度でも君のお母様を択ぶ。同様に、若しもわが子を択ぶということが出来るものなら、吾々二人は必ず君を択ぶ。人の子として両親にこう言わせるより以上の孝行はない。君はなお父母に孝養を尽したいと思っているかも知れないが、吾々夫婦は、今日までの二十四年間の間に、凡そ人の親として享け得る限りの幸福は既に享けた。親に対し、妹に対し、なお仕残したことがあると思ってはならぬ。今日特にこのことを君に言って置く。

今、国の存亡を賭して戦う日は来た。君が子供の時からあこがれた帝国海軍の軍人としてこの戦争に参加するのは満足であろう。二十四年という年月は長くはないが、君の今日までの生活は、如何なる人にも恥しくない、悔ゆるところなき立派な生活である。お母様のこと、加代、妙のことは必ず僕が引き受けた。

お祖父様の孫らしく、又吾々夫婦の息子らしく、戦うことを期待する。

父より

信　吉　君

小泉先生は、「ホビイ」に就いて語り合うということは、或る洗煉と余裕とを持つ文明国民に行われることであり、生活、職務のことばかり話して暮らすのはあまり羨ましくない一生だ、と書かれている。その通り、数多い友人との語らいも話題が尽きることがなかったに違いない。『小泉信三先生追悼録』に収められた数多い知人友人の追想からも、話題に豊富な先生像が窺える。その追悼録に、こういう件がある。「前記の如く先生は、世間話をすることが、大好きであった。実に広い範囲にわたって、あらゆる俗的話題が取り交わされた。にも拘らず、戦死された御愛息の話は、ただの一度も出たことがない。これによって、先生がそのご子息を、いかに深く愛しておられたかを強く強く感ずるのである。」

多くの小泉文献に、たった一回だけご子息のことを記している件を見つけた。『大学と私』（岩波書店　昭和二十八年）から抜粋する。

「私の倅が戦死して、青山斎場で葬式をしたとき、ワグネル会員から選ばれた十二人の合唱団が、遺骨に面して『戦没塾員讃歌』を、習練せられた美しい声で歌ってくれたときは、有り難いと思った。」

『海軍主計大尉小泉信吉』は、もともと私家版として僅かに三百部印刷されたものだった。文筆家とも言える彼の小泉先生がこの書を全く世に出すつもりがなかったということは、自ずと何の為に綴ったか性質を異にする書であると窺い知ることができるものである。しかし多くの者がこの本を回覧し、多くの者がこの本を求めた。筆写するから貸してほしいと、秘蔵本をも手元になくなる程の幻の名著だった。獅子文六氏は『海軍主計大尉小泉信吉』を小泉文学の最高傑作と評した。小泉先生は、幾度となく公刊を頼まれても、こう話されて断ったという。「あの本を出すのは、また、あの本を読まなくてはならぬ。僕にはそれはとても悲しいことなんだ。」――と。この書に込められた父である小泉先生の想いを切実に感じては、軽率な気持ちでこれを読んではならないと強く自分を戒める。父の心の叫び、綴る使命感、子への最後の贈り物は、決して世に出版して知らしめる文学作品ではないからだ。先生がどんな気持ちでこれを書かれたのだろうかと思って何度も読みかえしては、私は遠い存在である偉大な先生を近くに感じることも出来るのだ。

小泉信三先生は、一九六六（昭和四十一年）に亡くなられた。先生の死後、我々はこの「幻の名著」を読む機会を与えられている。先生への畏敬を込めて、慶應義塾社中の者はこの真実の親子を知らなければならぬ。

長男・信吉の海軍経理学校卒業間際、昭和16年12月7日の朝。結婚25年を記念した小泉一家の集合写真。左より加代、信三、信吉、とみ、妙。この翌日開戦となり、信吉はほどなく出征することになる。

コラム執筆者略歴（掲載順）

小泉　妙（筆名タエ）　大正十四年生まれ。小泉信三・二女。著書に『父小泉信三』（秋山加代と共著）、『届かなかった手紙』、『父母の暦』、『表参道十年』、『留学生小泉信三の手紙』、『父小泉信三を語る』などがある。

志村彦七　明治四十年生まれ。昭和七年、慶應義塾大学法学部卒業。在学時、体育会庭球部に所属し、特に山岸成一と組んだダブルスで活躍、全日本選手権をはじめ多くの大会で優勝した。平成八年没。

前田祐吉　昭和五年生まれ。昭和二十八年、慶應義塾大学経済学部卒業。昭和三十五年～四十年と昭和五十七年～平成五年、体育会野球部監督を務め、八度の優勝を果たす。平成九年よりアジア野球連盟事務局長。

秋山加代　随筆家。大正十一年生まれ。小泉信三・長女。著書に『父小泉信三』（小泉タエと共著）、『辛夷の花――父小泉信三の思い出』、『叱られ手紙』、『好きなひと　好きなもの』、『山々の雨　歌人・岡麓』などがある。

石井小一郎　明治三十六年生まれ。昭和三年、慶應義塾大学経済学部卒業。在学時は体育会庭球部に所属し、昭和二年、全日本選手権単二位など庭球部黄金期の礎を築いた。昭和二十五年から昭和四十三年まで庭球三田会会長を務め、昭和二十二年より、中学生から大学生にかけての皇太子殿下（現上皇）にテニスを御指導した。著書に『テニスと私』などがある。昭和六十一年没。

相田暢一　昭和二十二年、早稲田大学法学部卒業。在学時に早稲田大学野球部マネージャーを務める。昭和十八年の出陣学徒壮行早慶戦の実現に奔走。また、戦後に備えて戦時下に買い集めておいた大量の野球用具を、終戦後他校野球部にも提供し、六大学野球復興に貢献した。著書に『あゝ安部球場紺碧の空に消ゆ』がある。

小泉信三（こいずみ　しんぞう）
経済学者、教育家。明治21（1888）年、東京三田に生まれる。普通部より慶應義塾に学び、体育会庭球部の選手として活躍。明治43年、慶應義塾大学部政治科を卒業し、慶應義塾の教員となる。大正元（1912）年9月より大正5年3月まで、イギリス・ドイツへ留学。帰国後、大学部教授として経済学、社会思想を講ずる。大正11年より昭和7（1932）年まで庭球部長。昭和8年より昭和22年まで慶應義塾長を務める。昭和24年より東宮御教育常時参与として皇太子殿下（現上皇）の御教育にあたる。昭和34年、文化勲章受章。昭和41年、逝去。著書に『リカアドオ研究』、『海軍主計大尉小泉信吉』、『読書論』、『福沢諭吉』など多数あり、没後、『小泉信三全集』、『小泉信三伝』、『青年小泉信三の日記』等が編纂されている。また、昭和51年、野球殿堂入り。

〈編者略歴〉

山内慶太（やまうち　けいた）
慶應義塾大学看護医療学部・大学院健康マネジメント研究科教授、慶應義塾福澤研究センター所員。博士（医学）。昭和41年生まれ。平成3年、慶應義塾大学医学部卒業。『福澤諭吉著作集』第5巻（慶應義塾大学出版会、2002年）、『父 小泉信三を語る』（慶應義塾大学出版会、2008年）、『アルバム小泉信三』（慶應義塾大学出版会、2009年）を編集。

神吉創二（かんき　そうじ）
慶應義塾幼稚舎教諭。庭球三田会常任幹事。昭和45年生まれ。平成4年、慶應義塾大学法学部法律学科卒業。在学時は慶應義塾体育会庭球部主務。著書に『伝記小泉信三』（慶應義塾大学出版会、2014年）。『慶應庭球100年』（慶應庭球100年編集委員会、2001年）、『父 小泉信三を語る』（慶應義塾大学出版会、2008年）、『アルバム小泉信三』（慶應義塾大学出版会、2009年）を編集。

練習は不可能を可能にす

2004年4月15日　初版第1刷発行
2019年9月5日　初版第7刷発行

著　者――――小泉信三
編　者――――山内慶太・神吉創二
発行者――――依田俊之
発行所――――慶應義塾大学出版会株式会社
〒108-8346　東京都港区三田2-19-30
TEL〔編集部〕03-3451-0931
〔営業部〕03-3451-3584〈ご注文〉
〔　〃　〕03-3451-6926
FAX〔営業部〕03-3451-3122
振替　00190-8-155497
http://www.keio-up.co.jp/
装丁――――巖谷純介
印刷・製本――株式会社　精興社

Printed in Japan　ISBN 4-7664-1062-9